独居生涯

WIDOWED

治疗心灵创伤

(美) 乔伊斯·布拉泽斯 著
王小敏 译

方出版社

图书在版编目(CIP)数据

独居生涯/（美）布拉泽斯著.—呼和浩特:远方出版社，2006.3
ISBN 7-80723-124-6
Ⅰ.独… Ⅱ.①布…②王… Ⅲ.纪实文学-美国-现代 Ⅳ.I712.55

中国版本图书馆CIP数据核字（2006）第018058号

独居生涯

乔伊斯·布拉泽斯 著
王小敏 译

出版发行 远方出版社
社　　址 呼和浩特市乌兰察布东路666号
（发行部电话 0471-4919981 邮编 010010）
经　　销 新华书店
印　　刷 北京集惠印刷有限责任公司
开　　本 850×1168 1/32
印　　张 8.1
字　　数 131千
版　　次 2006年3月第一版
印　　次 2006年3月第一次印刷
印　　数 1—5 000册
ISBN 7-80723-124-6/I·33
定　　价 18.00元

前言

在米尔特去世后几周的一个半夜时分，我从外面驾车回家。一想到要回到空空的公寓，我简直无法忍受。为什么要回家？家里什么人也没有，没有人要你关心，没有前进的目标，也不再有引起兴趣的任何东西 。

我驾驶的是米尔特的红跑车。外面漆黑一片，只有我的前车灯穿透了夜幕。高速公路上杳无人迹。为什么不结束这一切呢？撞到一棵树上去？人们会以为那是我的车子失控了。这样我的痛苦就可以结束了。

这只是十秒钟的诱惑。我就是在这几秒钟内知道了，我永远不能放弃生活，不管我是多么的孤独、多么悲伤、对生活是多么的厌倦。不管生活对我怎么样，我必须面对它，面对孤独和所有的一切。

我泪痕满面地慢慢开车回到了家。

目 录

Contents

独居生涯

WIDOWED

第一部分

从妻子到寡妇

我不能向一位寡妇承诺，我在这本书中所说的一切能减轻她那切肤之痛的损失，或者消除她的孤独。我能做的就是勾画出痛苦的过程——可怕的、无止境的、残酷的——这些我们称之为悲痛，并且向她保证，这是正常的，所有的寡妇都要走过这条相同的道路。

而我能够带来希望。

缘起

我不能向一位寡妇承诺，我在这本书中所说的一切能减轻她那切肤之痛的损失，或者消除她的孤独。我能做的就是勾画出痛苦的过程——可怕的、无止境的、残酷的——这些我们称之为悲痛。并且向她保证，这是正常的，所有的寡妇都要走过这条相同的道路。

而我能够带来希望。

六年以前，我设计了一个称为“寡妇游戏”的练习来帮助特鲁迪，这是一位我认识了好几年的女人。特鲁迪抱怨说，她的丈夫说不出的沉闷，她正在考虑离婚，或者，最起码她也得找个情人。她长时间地幻想，没有了他生活是多么的快乐。这是典型的、通常称为“七年之痒”的情况在折磨着女人和男人。

不管她怎么抱怨，我觉得他们的婚姻可以重新恢复活力。“在你采取行动之前，”我告诉她，“我希望你试着做一个心理练习。我想它会教会你一些让你惊奇的东西。我把它叫做‘寡妇游戏’。你得假装你的丈夫去世了。”

她的眼睛滴溜溜地转了转，耸了耸肩，但是她同意了。

“从现在开始你就是一个寡妇了，”我指示她，“在今后的七天里你就是一个寡妇。明天早上你醒来时，假装他没有躺在你的身边。你没有人可说话。你自己单独喝咖啡。在这个过程中，白天你得做平时依靠他来做的所有事情。倒垃圾，卷窗帘，给修车行打电话抱怨修车的账单，把烧火炉的木头搬进屋，在回家的路上停下来买酒。所有的一切。

“假如有的事情你自己对付不了，那就假装你得找别人来替你干。尽可能自己过日子，就好像他不在一样。

“假如有一天晚上他不想做爱，就想象从此再也不和他做爱了。要是你半夜醒来，觉得他睡在你身边很舒适，那就设想一下，当你醒来时没有他在身边，所有的夜晚你会有什么感觉。

“要是他称赞了你，或者为什么事情而感谢你，或者送你一件礼物，那就想一想，在你的余生中，没有了他的体贴和赞美是个什么情形。假如他告诉你工作中的一些趣事，或者他听到的笑话，那就想一想，要是他不再和你共同生活了，情况会怎么样。

“别欺骗你自己，以为你的生活中没有了他，还会有别人，有更加刺激、更加吸引人、更加性感的人。没有这样的机会。记住，没有了他，你就加入了七百三十万未婚妇女的大军。根据最新的统计，未婚的女人要比未婚的男人多七百三十万。即使你能够设法找到另一个男人，你也不能保证他就是一个更好的丈夫。

“当这周过完以后，”我告诉她，“让你自己高兴高兴，你不是寡妇，他还在你的身边和你一起生活。对你不必亲力亲为做所有的一切要心怀感激。”

特鲁迪周末给我来了电话。“你说的对，”她说。“没有了他生活太可怕了。他星期天早上把咖啡端到了床上，那是他一贯的做法；而我却掉泪了。我想，没有人能爱我爱到把咖啡给我端到床上来。他不明白我是怎么了。我告诉他，我哭是因为我太幸福了。”

“寡妇游戏”成功了。我为特鲁迪感到高兴，我真高兴我设计的心理练习发挥了如此出色的作用。我把它写到了我的书里《女人对爱情和婚姻应该知道些什么》。

我做梦也没想到，短短的五年以后，我自己成了一个寡妇，成了孤身妇女中的一员。对我来说，这不是游戏，是残酷的现实，比我所能想象的任何一切都要坏得多。

当我丈夫和癌症斗争了十八个月以后去世时，我觉得我的生活结束了。没有让我可以为之生活的目标了。我哭得死去活来，自怜自怨。我觉得失落、恐惧、孤独。我既暴躁又自私自利，由于我全神贯注于自己的悲伤，我害怕我很招人讨厌。实际上，在某种程度上，不管一个新寡的人向世界展示的脸是多么的平静、多么有节制、多么的容忍，她就是一个痛苦的人，而且会是一个非常难以应付的人。

她还能成为什么样的人呢？她生活中至关重要的人没有了。她失去了爱情和陪伴了她多年的伴侣。她失去了地位，社会地位和经济地位。她失去了她的未来。她无法相信在她身上发生的事情，无法接受它。“为什么会是我呢？”她问了一遍又一遍，但是没有答案。

我一直把自己看成是一个教师，通过媒介和人们分享着心理学的知识；但是在1989年的冬天，在米尔特逝

世以后，我又变成了一个学生。我的科目都是冷酷的——临终和死亡，恐惧、悲痛和孤独——所有这些科目我都书写和演讲了几百遍了；但是突然之间，它们成了我的新课题。不管你进行过多少研究，当你生活中的擎天大柱轰然倒塌时，当四十二年的爱情和共同生活土崩瓦解时（我们订婚三年，结婚三十九年），你面临的是一个一无所知的境地，而那是很可怕的。

我不能向一位寡妇承诺，我在这本书中所说的一切能减轻她那切肤之痛的损失，或者消除她的孤独。我能做的就是勾画出痛苦的过程——可怕的、无止境的、残酷的——这些我们称之为悲痛，并且向她保证，这是正常的，所有的寡妇都要走过这条相同的道路。而我能够带来希望。

痛苦是必要的。只有经历过整个痛苦的人才能治愈自己。当米尔特去世时，我发现自己处于一个黑暗的悲痛通道中。那里只有过去（我无法回去）和现在（一个冰冷孤独的深渊）。我展望不到未来。在通道的出口没有灯光。

在他去世之后的六、七个月里，我是在绝望的痛哭中度过的。我的归属是什么？我该怎么办呢？我生活中还剩下什么？有一次，在疯狂的时刻，我徘徊在自杀的边缘。一夜功夫，我发现自己处于一个我从来没有想象过的世界中，一个没有逻辑、不稳定的世界。

我比许多妇女都幸运得多。我没有年幼的孩子要我抚养，我经济上很宽裕，我有工作。但是尽管工作有约束，规定了框架，却并没有为我的痛苦提供一个出路。

我照样进行我的演讲，在电视上露面，写我的专栏，在国内飞来飞去，但是这一切都是自动的。没有了热情，没有人来分享我的成功和失望。当我晚上回家，站在空空如也的公寓前从皮包里摸索我的钥匙时，我被孤独压倒了，眼泪顺着脸淌了下来。我知道我永远也不会从我失去的一切中恢复过来了。

可我错了。我终于从悲痛的通道中走到了光明里。生活好多了，尽管和以前不一样，但是一直在变得越来越好。眼泪还在流，但是现在是比较温和的眼泪了。孤独还是挥之不去，但这不是去年支配着我的那种令人苦恼的孤独了。最令人欣慰的是，我知道有了未来。我开始继续生活了，开始向前看而不是老回头了。我又发现工作有了刺激性。

而绝大部分时间，每当我想起米尔特时，我是带着微笑而不是泪眼朦胧了，因为他给我留下了绵绵无尽的美好回忆，而这正是我余生所珍爱的。

2 我的丈夫米尔特

> 我是个很不错的心理医生，能够读出外科医生脸部和身体的语言，但是那天晚上我惊恐过度，却没有明白我女儿如此愤怒是因为她无法接受我告诉她的情况。
>
> 作为一个外科医生，她明白，一旦我是对的，那的确是个坏消息。作为一个女儿，她不愿意知道这一点。

我丈夫是一个高高的、整洁的、英俊的、非常健康的男人。他每周打三次墙球，沿着河边骑他那十速自行车（他把它存放在我们的起居室里）。周末，他在我们乡下的农场里干活儿，种树、砍伐灌木、在花园里挖沟、除草、割取枫树液。天太冷不能在室外工作时，他就在室内重修房屋，拆除隔断，打磨宽宽的地板，做架子。米尔特常常开玩笑说，他是村里惟一的独手木匠。他的另一个手拿的是如何干活儿的书。他有着无穷的精力，看上去是无比的健康。

除了头疼脑热和小疝气，他从来没得过什么病。在他五十岁时，他的眼科医生，我们的女儿丽莎，在一次眼睛的例行检查中发现他血压高。他的内科医生证实了丽莎的结论，给他服药来降低血压。他建议米尔特停止抽烟。

几年以后，米尔特发现了心颤。他的母亲在八十高龄时死于心颤，他的叔叔也是。心颤的严重程度使他在钱包中放了一张微型的心电图拷贝，这样，一旦有紧急情况，医生可以参考。他的医生给他开了药方，再次劝告他戒烟。

米尔特抽烟就像一个烟囱一样，而这是我们之间连续不断争吵的争端。我永远也弄不明白他为什么不戒烟。他是个外科医生，他阅读医学杂志。他熟悉证实烟草是导致癌症和死亡的研究。每周他都看到病人遭受着因香烟而引起的各种各样的痛苦。

在医生对他的心颤进行治疗以后，米尔特告诉我说，事情到此为止，我不再抽烟了。但是他还是在抽；他只是当我在的时候不抽。有时我讲课旅行晚上回来，我们的公寓中充满着香烟的烟雾。

我知道他没有真正停止抽烟，但是我相信他减少了。不管怎么说，我们俩都相信他抽得不那么多了，而其余的时间，当我在身边的时候，他还是有节制的。总而言之，我停止了唠叨。我觉得也许是我的抱怨引起了逆反作用，而要是我闭上嘴的话，他就会停止抽烟了。

他服用治疗心颤药物以后的副作用之一是，假如剂量不是准确地按照病人的需求调整的话，就会造成血液溢出流到尿里去。1987 年一个夏天的早上，我们结婚三十八周年、就是七月四日（我们总是开玩笑说这是一个重要的、被宣布为国庆节的日子）的前几天，米尔特注意到他的尿里有血，就去作了个检查。

结果发现，药物并不是尿里有血的原因，医院立即安排他进行诊断外科手术。七月九日，他住进了西奈山医院，我们婚后他几乎一直在这个医院工作。外科医生做了膀胱镜检查，这是个重要的外科手术， 他们探查膀胱里造成出血的原因。结果发现了一块 II 类 A 级的恶性息肉。在癌症的术语中，这意味着它很严重但没有扩散。

癌症只限于膀胱的内部细胞，还没有进入膀胱壁。他们切除了息肉，外科医生告诉我们说，他们把它完全切除了。他说米尔特每三个月回来检查一次，但预后情况很好。

直到外科医生说了愈后情况很好，我才明白我吓得不轻。这简直就像给了第二次生命。我仍然很担心，但米尔特很乐观。他告诉我，癌症要是发现得早，只要把息肉切除，通常就没事了。丽莎也安慰我， 说的基本上是差不多的内容。我的秘书告诉我，她认识一个人，二十二年前切除了一块恶性膀胱息肉，活得很好。鉴于家里的两个医生似乎都不当回事，而且至少有一个人已经活了二十二年，我力图使自己不那么忧心忡忡了。

我告诉自己说，胜算还是在我们这一边的。

膀胱息肉是男人中第五种最常见的癌症。它每年在美国要杀死四万六千人，而这些病例中有一半是由吸烟引起的。除了烟民以外，最容易患这种病的人是漆匠、卡车司机、钻床工，他们都在工作中接触致癌物。也有人不抽烟，也不是漆匠、卡车司机或者钻床工而得了膀胱癌，就像那些不抽烟却得了肺癌的人一样，但是这些病例都是例外。

很可能，要是米尔特从来也不抽烟，或者他在二十

年前就戒了烟，他就永远不会患膀胱癌。他知道这一点。手术以后，他宣布说，他打算从此开始戒烟。

我相信他是努力过的。但是他晚上回家时，衣服上常常有烟味。我曾经问过他。“我的病人抽烟，”他有些苦恼地说。“我对他们真是无能为力。”在他去世以后，他办公室里的护士告诉我，他在办公室里抽烟还是很凶。即使知道他的生命已经面临危险的边缘，他发现还是很难戒烟。

抽烟很凶的烟民（以及那些爱他们的人）应该知道，有一种新的尿液分析试验——定量荧光图像分析——可以在早期，远在尿液中出现血液之前，检查出许多人是否患有膀胱癌。癌细胞比正常细胞含有更多的DNA，这些癌细胞在尿液中排出。定量荧光图像分析使用荧光染料，附着在细胞中的DNA上。由于癌细胞中的DNA比较多，在显微镜下对尿液进行检查时，这些细胞颜色就比较亮。这个试验可以挽救生命，因为假如膀胱癌发现得早的话，成活的机会是相当大的。

米尔特恢复的极好，没有什么进一步的症状。恢复精力花了一段时间，但是到夏末的时候，他可以重新工作了，我们的生活又走上了轨道。

我们开始为未来制订计划。我们总是设法在假期作些特别的事情。当哈雷彗星围绕地球进行人们期待已久的飞行时，我们在亚玛逊河上航行，因为米尔特对天文学有着极大的兴趣，而亚玛逊河是观看彗星最好的地点。

现在米尔特建议我们下一个假期到俄罗斯去。因此我们计划在春天旅行，租一辆车从莫斯科开到列宁格勒，这样我们就可以看到一些乡村风光。我们开始阅读关于俄罗斯的历史和艺术的书籍。

我们还决定进行一项长期计划——在我们拥有的科罗拉多的一块土地上，建造一所小木屋。当我到一个陌生的城市去演讲或办讲习班时，只要有点儿时间，我常常请求主办人带我看看他们那里最漂亮的地方。几年以前，有人带我去看了科罗拉多一块山边的土地，那是我所见到过的最壮观的景色。当我发现那块地方出售时，我决定我们要把它买下来。米尔特以为我疯了，但是当他跑去看那块地时，他也觉得很特别。现在我们每天晚上都是用来计划我们打算在那里建造的小木屋。

那是我们的快乐时光，更让人快乐的，是因为我觉得我们好不容易从灾难中逃了出来。

当米尔特十月份到医院去进行三个月的例行检查时，他感觉良好，我们谁也没有特别在意，尽管米尔特并不是很想去。他知道他面临的是什么。他们进行了各种各样痛苦的检查，也做了他们称为“走马看花”式的检查。

第二天我在医院里看到他时，他很不舒服，插满了管子。他说检查过程和他想象的一样痛苦，但是除了抱怨不舒服以外，他的精神很好。外科医生下午来看他。他说：“一切正常，但是在活组织检查出来之前我们还没有把握。那得等到星期一才行。”

那天是星期五。我知道周末实验室里只有骨骼架子在值班，于是我盯着外科医生，我看到的是一个非常出色、意志坚定的人。在那一瞬间，我知道了，我们的情况肯定不妙。

我能读出外科医生脸上的表情和内心的心境（这是作为心理医生最可怕的一部分；有的时候你知道的太多了）。这是一个给我们带来坏消息的人，但是他想给我们一个周末的缓期执行。

米尔特只听进了医生面上说的话，我也没有告诉他我的直觉。

探视时间结束时，我回家给女儿打电话。“丽莎，情况很不好。”我抽泣着说。

她对我大发脾气。“妈妈，别说了！你老是在自找烦恼，什么事情也没有。只不过是块息肉，没什么大不了的。外科医生已经告诉你一切正常。你为什么不相信他呢？”

丽莎从来没对我这么生气过。她说我这个人真稀奇古怪。她说我是个爱哭的婴儿，她拒绝再和我说话，而把话筒给了她丈夫。他说话就像在我的头上轻轻拍打一样，好像我是一个歇斯底里的孩子，他还告诉我不用担心。

我被丽莎的态度深深地刺伤了。那个晚上是我有生以来最孤独的的夜晚。这是我惟一一次向她求助，而她却拒绝了我。

作为一个外科医生，她明白，一旦我是对的，那的确是个坏消息。

作为一个女儿，她不愿意知道这一点。

我上床睡觉时还在哭泣。床上没有米尔特真让人感到不舒服。假如我曾经需要他抱着我、安慰我的话，那就是那个夜晚了。我爬到床上他的那一边，好像这样就使我离他近了一些，最后我睡着了，睡着是为了做梦。

在我做梦时，我在某种程度上总是知道我在做梦，不是真实的。但是这次却没有。我做梦死神就在床上和我在一起。死神是个男人，一个强壮的、魁伟的男人。我蜷缩成一团远远地看着他，他从后面抓住我。我能够感觉到他胸上的毛，我能够感觉到他脸颊上络腮胡子的胡茬，我能够闻到他的呼吸。

我知道死神把我牢牢地抓住了。

我惊醒过来，我的心脏卜卜直跳。

就是在那个夜半时分，我知道我将要成为一个寡妇了。

灾难

头一次看见米尔特手术以后赤裸着的时候，我有一种隐秘的恐惧，我怕我会对造瘘管道感到恶心。这着实让我担心了一阵。我可以不在意那个横切腹部的刀口，但是那个洞口呢？我是一个能掩饰自己厌恶的好演员吗？甚至是恐惧？我对自己的这种感觉感到羞愧，但是我确实很害怕。

第二天，当我走进米尔特的病房时，他坐了起来。他还在疼，但是他们告诉他，他明天就可以回家了。我们一起看报，而当米尔特看足球比赛时，我试着干些活儿。但是我无法集中精力。那个梦一直在我的脑袋中环绕。

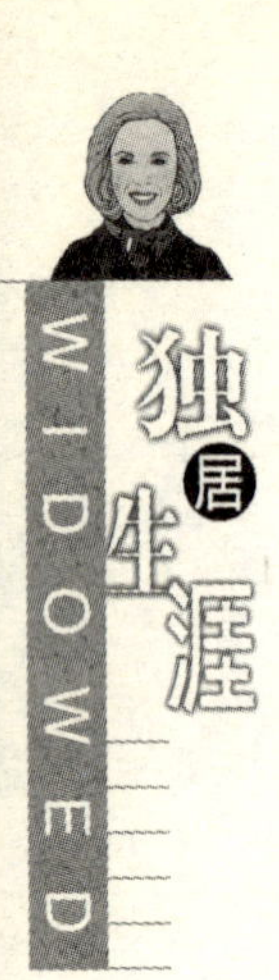

我怕得发冷，死神真的把我紧紧抓住了。

我茫然地瞪视着空间，试图设想没有米尔特的生活。可是做不到。

探视时间结束时，我很不情愿地离开了。一想起我还得自己在我们的床上独自度过一个夜晚，我怕得连路都几乎走不动了。我相信死亡之梦还会来缠住我，我丝毫也不怀疑。我害怕得睡不着。探视时间一到我又回到了医院，医生一签署出院单，我就把米尔特带回了家。

米尔特回家给我带来的喜悦，被外科医生打算告诉我们的话——还有米尔特那兴高采烈的情绪——给冲淡了。他对回家无比兴奋。我真想对他大叫："别高兴了！别编织你的希望了！根本没有什么希望了！"恐惧折磨着我，我老往盥洗室跑，我身上的每根神经都像针扎一样疼，但是我不得不强颜欢笑。

只有一次我失去了控制。我的双颊抖动，泪如泉涌，我飞奔到厨房去准备茶水来镇定自己。

米尔特对灾难根本就没有预感。他高高兴兴地在电视上看了一天足球。他一刻也没怀疑过，相信活组织检查会证实外科医生"一切正常"的说法。我连想都不敢想，当他听到我相信即将到来的坏消息时会有什么样的感觉。

星期一真让人难熬。医生告诉我们，他一得到活组织检查的结果就给我们来电话。我害怕这个电话——然而我又迫不及待。等待的时间真长啊，等啊等……等啊等。我祈祷但愿我是错的，外科医生会告诉米尔特，他十分安全。但我们等待的时间越长，我越有把握消息肯定不好。我那隐秘的小小希望——我错了、我误会了外科医生脸上的表情、丽莎认为我是个歇斯底里哭哭啼啼的婴儿的看法是对的。我的梦只不过是歇斯底里的产品——所有这些小小的希望都烟消云散了。

我努力维持着正常的程序，在办公室里和我的一个秘书一起工作，但是我总是不断地每隔半小时就推开卧室的门伸进头去催促："给他打电话，给他打电话。"

米尔特总是摇摇头。"别紧张。他有时间就会来电话的，"他耐心地对我说。"他说他今天来电话，他会的。"

电话五点以后才来。我冲到卧室里，坐在床边。米尔特专注地听着。我从他的脸上就可以看出来，这是世界上最坏的消息。

这是一个很长的电话。

有一刻，米尔特用手指擦去了眼角的一滴泪水。我从来没见他哭过，即使是在他母亲去世的时候。而现在，这滴眼泪从他的脸颊上流了下来……它让我心碎。

最后，他说：“好吧，谢谢你，”然后挂掉了。

他沉默了一会儿，然后告诉我，癌细胞又出现了，并且扩散到了膀胱壁。他说的时候非常平静。

我盯着他，我知道消息一定很糟糕，然而当它真的来临时还是一个打击。我不能让他知道我是多么的害怕。

我伸出双手环抱着他。“我们会战胜它的，”我告诉他。“你的身体好，你能战胜它的。”

他用手指缓缓地抚摸着我的脸，挤出一个笑容。“我会全力以赴的，”他答应着。“我还有很多事情要做。”

我们相拥了几分钟，米尔特说：“我们必须作出几个决定。”

医生告诉他有两个可能。他得住院切除膀胱。但是在切除之前，他们还得做一次活组织检查。要是活组织检查表明边缘很干净的话，他们就切除膀胱；假如癌细胞已经扩散到膀胱以外，他们就把切口缝合起来，让他听天由命了。

如果切除了膀胱，他就得做造瘘术，用口袋来收集尿液。这也有两个选择。一是安装一个内部导管，从阴茎穿过，这样他就不用带着口袋了；另一个选择就是使用外部的口袋。

接下来的几天里，我们和几个医生讨论了这两个方案。我们了解到，从可能产生的医疗后果，特别是感染的可能性来说，内造的导管要严重得多。所以，临做决定时，我们俩连想也没想，外带口袋是最好的选择。

我们还了解到，不管采用哪种方式，米尔特几乎肯定会阳痿，因为他们要做前列腺切除术，要彻底切除。我告诉米尔特，这对我来说没有问题。性爱在这个前提下是无足轻重的，生活本身现在是最重要的。

说来也怪，但是我甚至都记不得我们最近一次是什么时候做爱的了——什么时候或有关的一切。假如你不知道这是你最后一次做爱，那么，在结婚三十九年以后，性爱就会变成一种理所当然的、熟悉的乐趣。我所记得的一切就是，我们最后一次做爱是七月九日息肉切除的前几天。手术使得他非常虚弱和痛苦，而在他恢复以后，他似乎没有了性冲动。我愿意认为那一天是七月四日。我们的结婚纪念日。

当我们决定采用外带的口袋以后，手术日期几乎立刻就定了下来。彻底切除——切除一个膀胱——是一个复杂和危险的手术，长达八个小时。在他被推进手术室之前，他们让我和他一起待在手术室外面的准备间里。在那个十月的早晨，我握着他的手，努力让自己面带笑

容，直到来把他推进去为止。然后我就回到他的病房去等待。

一个小时以后，门上响起了敲门声，韦伯医生进来了。当我看见他时，我的感觉就像是我曾经遭受过的心脏病发作一样。我的心脏停止了跳动，它被压紧了、停止了跳动。这是一场八个小时的手术，外科医生到这儿来干什么？

实际上，他来是出于好意。就在米尔特被推进手术室时，一个急诊病人送了进来。这是生与死的抢救，因此米尔特的手术推迟了几个小时。韦伯想让我知道他们还没有开始，这样我就不用担心了。

他在傍晚时分又回来了，告诉我说，一切顺利。边缘很干净。他们切除了膀胱。米尔特情况很好。外科医生显然掩饰不住他的兴奋。

这可是个了不起的好消息，我们还有共同生活的前景。

米尔特自那次手术以后再也不吸烟了。让他戒烟的竟然是这样一种程度的恐惧。有意思的是，他一停止吸烟以后，五、六年来的心颤居然痊愈了。他很难为情地告诉他的医生，心颤痊愈的原因是他最终停止了吸烟。

我总是忍不住要想，要是他十年以前、二十年以前、三十年以前戒烟的话，这些就不会发生了。我非常愤怒，他怎么那么愚蠢呢？他怎么能对自己做这样的事情呢！对我做这样的事情！要是他早点儿放弃吸烟，他就不必接受这样的手术。我对此至今还是耿耿于怀。

尽管我很生气，但我从此再也没有提起他吸烟的事。我知道要是我这么做的话，它就会成为我们通常称为的“小兔子”。这是我们多年来积累起来的短语。当初我们订婚时，米尔特常常叫我“小兔子”或“兔子鼻子”，而我则叫他“野兔”（你要知道那时我们非常年轻）。

我们结婚以后，有一天我想干什么事情，我都记不得是什么事了。米尔特说，要是我做的话，我一定会后悔，但是我还是不顾一切地去做了。

他说对了，事后我很后悔。米尔特非常温和地说：“小兔子，我说过这事行不通的。”这个短语让我们记忆犹新。它成了我们告诉对方“我跟你说过的吧”的缩语。

我是怎么跟他说的来着——尽管这是真的——“小兔子，要是你不戒烟的话，你会后悔的。”

现在我知道，米尔特和我都低估了尼古丁上瘾的威力。这是身体的、心理的和社会的上瘾。根据最新的研

究，大约有一半儿努力想戒烟的人都没有成功。一周、一个月、一年以后，他们又恢复了吸烟。而绝大部分的人从此再也不试图戒烟了。

一个真正想戒烟的人最好请求专业指导，有的人或有的计划不仅可以帮助他或她戒烟，还能帮助那个人坚持成为一个非烟民。许多家庭医生正在把吸烟作为一种上瘾来处理，而不是作为一种坏习惯。重点不是放在简单地停止吸烟，而是坚持在几天、几周、几个月以后成为一个非烟民。一个烟民一天不吸烟就是一大胜利。消除上瘾要好几年。对有些人来说，他们的瘾永远不会消除，他们得每天为之而斗争到生命的最后一刻。

我感到内疚的是，在我知道他没有吸烟的每一天，我没有给米尔特以更多的积极强化。我的态度一直是："好极了！我真高兴你没有吸烟！"这是不够的。

然而，我总算知道了，有一点可以让一个对尼古丁上瘾的人一夜之间变成非烟民。这就是恐惧，切中要害的恐惧，当你突然之间知道、并且最终明白吸烟是致命的，你是在杀死你自己的时候。

米尔特在癌细胞扩散的时候停止了吸烟。我的两个吸烟很凶的秘书同时也戒了烟。他们得到了启示，而且到目前为止，他们都没有再吸烟。

米尔特一恢复健康，他们就教他如何应付造瘘管、如何更换口袋以及所有的一切。我也想学来着，可米尔特说，他不想让我插手，因此，当护士进行指导时，我就待在房间里。

头一次看见米尔特手术以后赤裸着的时候，我有一种隐秘的恐惧，我怕我会对造瘘管道感到恶心。这着实让我担心了一阵。我可以不在意那个横切腹部的刀口，但是那个洞口呢？我是一个能掩饰自己厌恶的好演员吗？甚至是恐惧？我对自己的这种感觉感到羞愧，但是我确实很害怕。而事情的发展倒没有什么让我难堪的地方。没有臭味，什么也没有。一点儿也没让我烦恼，即使是在我第一次看见的时候。

它也没有限制米尔特的活动。他可以走路。他可以开车。他可以坐飞机旅行。当我们周末开车到乡村去时，我得停车一次，这样他可以倒空口袋，但那也不是什么问题。我们做着以前所做的一切，除了做爱以外。而这只是一个男人生活中所付出的一个小小的代价。

一切正常。

在这种情况下，不能奢望再好的结果了。我们告诉自己说，胜算是在我们这一边。

我们——医生和心理学家——现在深深地陷入到拒

绝承认中去了。作为一个医生，米尔特知道，一旦癌症扩散到膀胱壁，膀胱癌愈后不容乐观，但是他从来没有讨论过这一点。作为心理学家，我知道所有拒绝承认的情况，但是我不想承认这一点。不！我把我的拒绝承认叫做希望。我知道米尔特病得很重。我的头脑知道这一点，我的整个身体知道这一点，我知道我将成为一个寡妇。但是我一直和这个念头斗争到他去世的那一天。

实际上，在那时，不管我们否认到什么程度，我们对自己所知道到的程度都难以相信。米尔特手术以后恢复得很好。他身体一天天好起来。他回去上班了，并且开始给人看病。看起来希望的确是存在的。

治 疗

作为一个医生，米尔特从来不对犹太教传教士收费，从来不对犹太教传教士学生收费，从来不对另一个医生收费，从来不对医生的妻子或孩子收费，从来不对亲戚收费，从来不对亲戚的亲戚收费。

因此，他为什么要把他的业务卖得货有所值呢？

米尔特于一月九日进行了他手术以后三个月的检查。一切看来正常。然而十天以后，却发生了问题。他诉说腹部疼痛，排便不正常。他形容说，大便就像是由小“木块”组成的。

这一来，他又回到医院去做检查。医生很担心癌细胞扩散到大肠里了（实际上已经扩散了，但是他们几个月以后才发现）。泌尿医生给他做了检查，胃肠科医生做了检查，直肠科医生做了检查。米尔特形容说，这简直像合伙强奸。那是连续不断的一系列的探查，加上CAT扫描，那是他最痛恨的。在扫描时，他得在长长的二十分钟里绝对静止不动，那对他来说简直是受罪。

做完所有这一切以后，他们什么也没发现，把他送回了家。

大肠的症状越来越严重。他的大肠中段感觉疼痛，并且开始发烧。他又进了医院。他们又让他重新做了所有的实验，什么也没发现。最后，在医院待了两周以后，做了肝活组织检查，发现癌细胞已经扩散到他的肝脏了。

那可是最坏的消息。当医生告诉我时，我差一点呕吐起来。太不公平了！一切看起来是那么的顺利，而现在却发生了这种事情。

米尔特的肿瘤医生马丁·韦纳开始给他化疗。一种新的药物配方叫做M-VAC（是主要成分的缩写，甲氨蝶呤钠、硫酸长春碱、阿霉素和顺铂）刚刚诞生。那是对肝脏真正有作用的第一次化疗。M-VAC在西奈山没有使用过，而是在几英里以外的纪念斯隆－凯特林癌症中心使用的。丽莎听说以后，说服了韦纳医生给雅各达医生打电话，请他作为米尔特医案的顾问。

根据统计数字，米尔特只能活几个星期。但是雅各达医生信心十足地告诉我们说，他认为他可以让米尔特恢复正常。

化疗的副作用很可怕。医生不得不让他服药来防止呕吐。绝大部分时间里，他疲倦和虚弱得像只小猫。他的头发脱落了。

但是雅各达医生的乐观被证实了。米尔特不止活了几个星期，他活了几乎一年。

化疗的另一个让人虚弱不堪的副作用是不停的打嗝，弄得他筋疲力尽。我学过催眠术，在隔膜部分进行搓揉和刺激可以让他停止打嗝。这种轻柔的按摩让他非常舒服，这就成了我们每天功课的一部分。我一连几个小时坐在他身边——搓揉他的肚子。

我做的另一件事是给他梳理头发。我买了一把婴儿用的小蓝梳子，用来梳理所剩无几的头发。他嘟哝着说，我是在哄孩子，但是他喜欢我这么做。而我也爱这么干。我无法让他好起来，但是我能让他稍微舒服一些，稍微

好过一些。

这是我们在一起度过的平静日子，他很放松，而我能感到我对他有所帮助。我们在那些日子里非常亲密。我常常觉得我被对他的爱所淹没了。

他常常在医院里出出进进，现在当我试着回忆起那段岁月时，都有点模糊不清了。每次到医院探视都非常相像。大肠问题似乎从来没有改善过；他不断的疼痛。有一次，我们到巴尔的摩的约翰·霍布金斯去求医，他们那里研制出了一种特别的诊断方法。他在那里做了全套的病情检查，但是，和其它检查一样，没有什么结果。

米尔特发生过两次肠梗阻，每次我都急急忙忙地把他送到医院里去，以便他们诊断和处理。有一次，正巧我们九岁的外孙迈克正在我们那里玩。我不能把他一个人留在公寓里，只好在早上五点钟时把他叫醒，和我们一起到急诊室去。他们得给米尔特做手术解决肠梗阻，所以我带着迈克去散步。在早上这个钟点，沿着第五大道穿过中央公园散步，等待米尔特从手术中出来似乎不太寻常。

这次大肠梗阻好像带来了一线希望。我说过，他们必须做手术来解决，由于做手术，他们从肝脏中取出活组织进行检查。结果发现，肝脏里的癌细胞全部消失了。

医生简直难以置信。他认为出了什么差错，他亲自到化验室重新检查了涂片。没有错误，是真的，肝脏的大小正常，癌细胞消失了。

我们重新燃起了希望，尽管米尔特仍然遭受着大肠症状的痛苦，人还是非常虚弱。

米尔特那年春天结束了他的业务。他太虚弱了，没有精力继续他的业务了。他给过去和现在的病人发出了几千封信，让他们知道他放弃了从业，他收到了几百封回信和电话，令他非常高兴。我想他以前没有意识到他的病人是多么的喜爱他，他对病人来说是又是多么的重要。

这让他比以前更加坚定地寻找合适的男人或女人来接替他的业务。他最后卖出去的钱远比账面上的价格低得多。这是典型的米尔特。一位从事销售的女性在准备把他的业务推出到市场上之前，检查了他的账目后告诉我："我从事这项业务多年来，从来没有见过一个医生给这么多的人免费治疗的。"米尔特从来不对犹太教传教士收费，从来不对犹太教传教士学生收费，从来不对另一个医生收费，从来不对医生的妻子或孩子收费，从来不对亲戚收费，从来不对亲戚的亲戚收费。

因此，他为什么要把他的业务卖得货有所值呢？

米尔特的业务非常特殊。办公室里总是充满着笑声。他从业认真，但是他喜欢逗乐。他的一个病人是个电台播音员，他录了一盘即将来临的暴风雪的紧急警报录音给他。米尔特总是让候诊室里播放无线电台里的音乐，在夏天最热的日子里，他会播放暴风雪的警报录音。候诊室的病人大吃一惊，对听到的声音不明所以。往往有病人急匆匆地出来，好像准备应付即将到来的暴风雪。每星期五工作结束时他都举行一个“医学会议”。那是他起的名字，实际上是为护士和在场的病人所举行的酒和奶酪的聚会。

他常开玩笑。有一种结肠癌检查，是把一点儿大便弄在涂片上送到实验室化验。米尔特告诉他的病人该怎么做，然后他再补充说：“记着要用大便快件寄送。”还有许多类似这样的笑话。他的病人在这种非正式的气氛中感到轻松——只有一个例外，一位电视制片人看了第一次病以后再也没来过，他说：“我不想要一个马克思（美国杂耍、喜剧演员家族）的兄弟作为我的医生。”

米尔特最后把业务卖给了一位他认识并很尊敬的医生，他相信这个人会很好地对待病人。他其实有机会能以高出三倍的价钱出售他的业务，但是他觉得那个人不理想。“我不能把我的一生贡献给我的病人，”他说，“可也不能把他们贱卖。”

在米尔特去世以后，我不得不把他的办公室出售，这是我一生中所做的最困难的一件事。我甚至有过稀奇古怪的念头，想放弃公寓搬到他的办公室去。

在买主和代表我的律师（他的妻子曾是米尔特的护士，他们和我们交往多年）之间进行最后谈判的阶段，在正式签署文件之前，买主前来看最后一眼。我们三个人走过办公室。律师说：“这个办公室没有什么特别，只是墙壁充满了笑声。”

米尔特出售了业务以后，绝大部分时间待在家里。他阅读、睡觉、观看电视上的体育节目。我常常坐在他旁边陪伴他。我看我的业务杂志，剪贴我想保存的文章，写回信——有时我就坐着握着他的手。

只有要进行化疗或住院进行检查或手术时，他才穿戴整齐出门。偶尔，我能劝说他穿戴好了和我一起外出呼吸新鲜空气。他常常嘟囔说，我对新鲜空气的信任是没有根据的，但是我觉得，当他整天呆在家里时，混淆了白天黑夜的概念就睡不好觉。一旦我把他弄出去了，他倒是常常很喜欢我们这样的散步。

一个夏天的傍晚，我们买了一个比萨饼，坐在花园里享用。这件事本身就很了不起，因为他几乎完全丧失了食欲。我通常烧一些他所喜欢的食物，但是大部分时间他只是吃点放在他盘子里的东西。

有几天我们就走一两个街区，要是他感觉有劲儿的话，就走三四个街区。我们常常观察我们经过房屋里所居住的人们。我总是试图有个目的地——面包房，或者景色优美的河边，或者玩具商店，给我们的外孙买点东西。

十月里的一天，我正在录制电视节目时，他自己上街去了。那正是我的生日，他想给我买件礼物。他知道我喜欢精巧的瓷器或陶瓷小玩意儿。我有房屋型的饼干罐，有鸡形的早餐盘子，各种各样类似的东西。

他找到的礼物是一个陶瓷苹果，盖上有一条小虫。我们的农场里有自己的苹果树，我们常常对自己说，我们能做世界上最好的苹果酱。我无法表达这件礼物对我的意义。它似乎是米尔特的一种承诺：他将永远和我一起分享苹果酱的快乐。

而他这么做了——但只有一次。那个十月他似乎感觉不错。一个风和日丽的早上，我开车带他去我们的农庄。我们周末的早餐很隆重，但那天是用午餐。我们在路上停下来向一个农妇买鸡蛋，她自己养鸡——绝对新鲜的鸡蛋，和超级市场里的完全不一样。

米尔特煎鸡蛋。煎鸡蛋是他烹调的拿手好戏。他有一个专用的煎鸡蛋的锅，我不能用它来干别的事情，他甚至从来不让我洗它，而是习惯在用完以后，由他自己来清洗。

他煮咖啡。研磨他自己的特别咖啡豆配方，在他那特殊的咖啡壶中调制。那咖啡的味道好极了。我常说，要是他离开了我去找另一个年轻的女人，我也得每天早上到那儿去喝咖啡。

我做吐司，榨橘汁，把我们自制的苹果酱放到我的生日苹果罐里。让我激动不已的是因为他把所有的食物都全吃下去了。他有好几周没有吃那么多了。

早餐以后他独自上楼观望。每个卧室都代表着漫长周末的艰苦工作。好几年来，我们磨呀、漆呀，直到每一间房间都崭新舒适，就像所有的乡间卧室一样。

后来他走了出去。我看到他站在那里观望着草地，那是丽莎十二年前结婚的地方。我看着他走到小河旁，他和迈克常常在那儿钓鱼。最后他走进了屋子，脸色累得苍白，但是很兴奋。

他休息了一会儿，然后我们就动身回城。当他看着

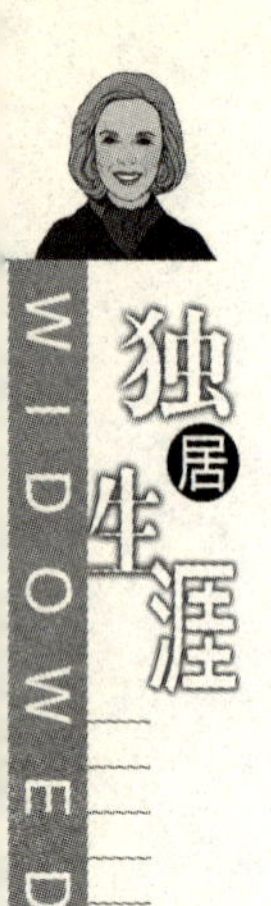

门在我们身后关上时，他说的最后一句话是："这儿真美。"他的声音里有着无限的留恋。

我们俩都知道，他也许再也不能回来重睹农庄了。

的确，他再也没回去过。

伤感而甜蜜的回忆

> 某一天生活是金色的，而第二天，在毫无知觉的情况下，你拐了一个弯，从那时起，光线逐渐暗淡下来，直到你发现自己孤身一人在黑暗中，既失落又悲伤。你回过头去才意识到，啊，原来这就是开始的时刻。

我们从来没有谈论过死亡。我们的对话老是“当我能走路时，”“只要你一恢复健康，”“等我做完这次化疗疗程，”“明年春天，我们得给库房换一个新的屋顶了……”我们总是无休无止地谈着未来。总有一天，生活会重新美好起来的。这是勇敢？还是自我欺骗？我们

想欺骗谁呢？我不知道。

我所知道的就是死亡是个说不出口的字眼儿，是一个禁忌的话题。

过去和未来一样是安全的。回忆是一种快乐，是一种安慰。“还记得当……”米尔特总是这么说，而我们就沉湎在美好的过去时光中。

我们的初吻……

我第一次见他的母亲……

我们参加赛跑得了名次……

我们的第二次蜜月……

我们的第一次蜜月。

我们有一生的回忆。我牢牢地在心中记住了一切。

米尔特和我是一年夏天在萨克曼相识的，那是一个位于卡茨基的家庭农庄胜地，我们家总是在那儿度假。我还是个十几岁的女孩子，而他二十岁，我们一见钟情，知道自己是对方的意中人。

在他呆在那儿的五天里，我们没有分开过。

我们长时间的散步。

我们在湖上划船。

我们老是接吻，在干草棚里拥抱。

我们有着说不完的话题。

我们对有那么多的共同点感到惊奇。我是在长岛和曼哈顿长大的；他在皇后区长大。我们两家都在萨克曼度假，但是从来不在同一个时间。

米尔特正在海军准备服役三年，属于海军陆战队的医疗部队。现在战争结束了——我们说的战争指的是第二次世界大战——他正准备在康奈尔开始读大学二年级，而我正在读一年级。作为一个医务工作者，他相信医学就是他的未来，他打算毕业以后读医学院。我则计划到哥伦比亚的研究生院去读硕士，然后读心理学博士，为将来教书做准备。

那年秋天我们常常见面，在圣诞节前不久，我们就难解难分了，我从康奈尔一毕业就订了婚。一年以后，米尔特毕业时我们就结了婚。

我肯为米尔特做任何事情，但是有一件事我试了却没有成功。我们结婚时我是个处女。出于某些原因——或许是我读了太多无聊的浪漫小说，他在家里听到了太多老夫老妻的故事——米尔特和我都认为，处女膜破裂让女人非常疼痛。我对这并不怎么在意。我知道有成千上万的女人经历过这样的疼痛，但是米尔特说，他害怕在新婚之夜会伤害我。

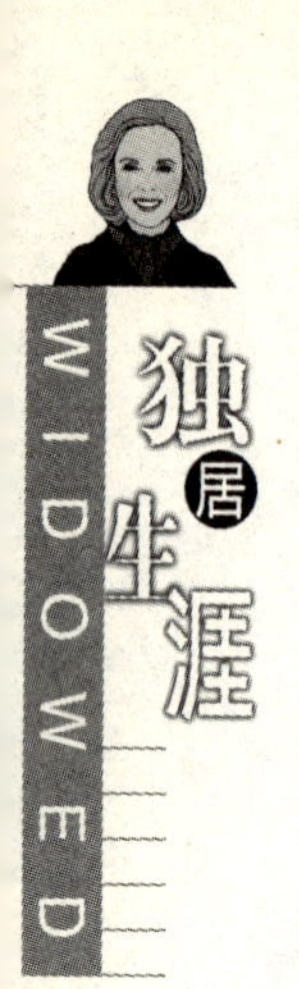

我不想让他在结婚之夜为我担心。因此，一个非常聪明的年轻女人作出了一个她认为合乎逻辑的决定。我去找了一个妇科医生进行处女膜穿破。

这真是一个痛苦可怕的经历！在那里我有生以来第一次在检查台上叉开两条腿放在镫具上，一位素不相识的医生盯着我两条腿的中间细瞧。他插入一个小圆盘，告诉我说，每次我再来，他再插入另一个大一点的。天哪，这太可怕、太不浪漫了，我再也没去过。幸运的是，正如每个女人所知道的，处女膜穿破并不是什么了不起的大事。

我们的蜜月是完美的——除了最后一个晚上，我们第一次争吵。米尔特洗澡洗了很长时间，把所有的热水全用光了，一点儿也没给我剩下。假如那时候我知道大男子主义这个名词的话，我肯定就不以为怪了。

我们和好如初，并且相互保证我们永远也不再争吵了。但当然我们还是吵——整个婚姻生活都是如此。我们为成百件的事情争吵。我觉得他对丽莎太严厉；而他认为我太纵容她。他想买什么东西；我会说这样东西太贵了——而且我们并不需要它。他认为烤牛肉应该烤得熟一些；而我觉得应该嫩一些。我们的争吵没有一样是严重的，我们大发脾气，然后又冷静下来。

我们结婚以后和我的家人住在一起。一直到米尔特获得了医学学位，在纽约城的西奈山开始了他实习医生的生涯，我们才有能力自己单住了公寓。那时我正在读我的博士学位，并且在哥伦比亚的亨特学院教心理学。

公寓实在很破陋，但是我们油漆了它，觉得它很不错。那是一个非常快乐的时期。未来前途无量。我的丈夫是个医生，而我本人是个博士。我们正在等待婴儿的诞生。真是前途无可限量。我们觉得，只要我们俩拧成一股绳就能做任何事情。而的确，我们能做绝大部分我们想做的几乎任何事情，当然不是一切。我们想要三、四个孩子，但是丽莎诞生以后，我感染了急性败血症，我的梦想就此破灭了。

但是我们有丽莎，而她是我们生活中的欢乐。

我们惟一的问题是我们很穷。我们刚刚能设法收支平衡，但是即使是这样，丽莎出生以后我还是停止了工作。米尔特作为一个实习医生的薪水很可怜，但是我们决定，不管怎么说，我们都得过下去。没有什么比给我们的孩子一个良好的开始更为重要了，而我认为那就意味着，至少在她三岁以前，我得在家里待着。

说说容易做起来难。电视在那些贫乏的日子里是我们惟一的娱乐。我们总是收看六万四千美元的问答，那

是第一个大型TV有奖节目。星期四晚上每个人都在收看那个节目。

一天晚上，我说："我也能赢。"

"我也能，"米尔特说。"我们为什么不能呢？"

我们开了一会儿玩笑，然后我们认真起来。为什么不试试呢？我们决定让我来试试，因为我自由支配的时间比较多。米尔特每周要在医院工作七十至八十小时。

我分析了当选比赛者的那些人的特点。他们都有一个共同点：他们代表了一种自相矛盾——一个修鞋匠是一个歌剧专家，一个冷峻的海军是一个美食烹调家，等等。因此我浏览了在一个年轻妇女身上似乎很不调和的职业或知识领域。最后归纳为管道和拳击两个选择。米尔特否决了管道工。"谁想聆听关于冻坏的管道和堵塞的马桶呢？"

这从一开始就是一个集体的努力。我们租了拳击比赛的电影和一个放映机，我们一遍又一遍地观看电影。我们每一步都在一起努力。我母亲为我照顾丽莎，我什么也不干就在学习。我早上六点起床，一直学习到第二天早上一点。我背下了成千的统计数字。米尔特从医院回来就向我提出拳击的问题，一直到他精疲力尽，而我麻木不仁时为止。那真是专心致志。但是我有个重要的目标，因此这一切做起来就很顺利。当时我们年轻，干劲十足，当你想学的时候，学起来就很容易。

当我们觉得我准备就绪时，我就给节目的制片人写信，说明我作为参赛者的资格。在面试以后，我被接受了。当时发生的一切真令人难以置信。我一周、一周又一周地参赛。我不断地取胜。然后在一个晚上，一切都结束了，我赢了六万四千美元！

在五十年代，那可是一笔了不起的钱。就像在今天赢得了百万美元一样。这笔钱在许多方面改变了我们的生活，而且都是变好。它给了我们俩机会来建立自己的事业。我们有了足够的钱来给米尔特购买和装修一个办公室，可以自己开业而不用等待多年，我们有足够的钱搬入一个比较大的公寓，并且足够我们买一辆车。

除了钱以外，胜利还使我一夜之间成了名人，给我打开了一个职业的大门，一个和我以前为自己设想的有所不同的职业。有成打的请求要我在这儿那儿露面，去讲这个或那个。结果，人们对心理学、以及它在生活中的作用，远远超过了对拳击的兴趣。最后，我应承了一个无线电节目、一个专栏和一本书。而且还有更多的大门在不断地向我招手。

米尔特的业务稳步发展着。作为一个专攻内分泌、

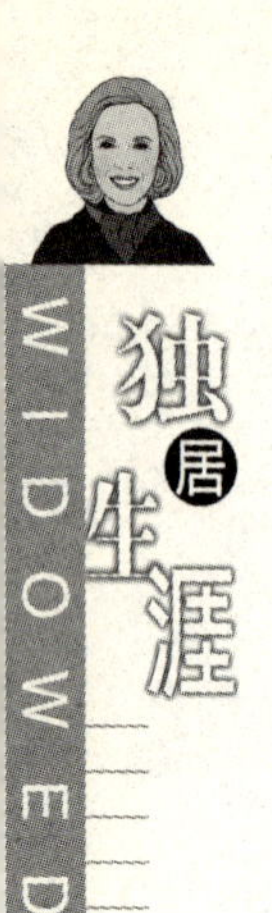

副攻糖尿病的内科医生，他在自己的领域里很受尊敬。他也是西奈山的副教授。他热爱教书，不止一次，西奈山的学生们把他选为最佳教授。我们互相之间常常说，我们很幸运，都拥有使自己快乐的工作。

我们各有各的工作，但是在对方需要的时候总是在一起。假如我说："我真希望你能和我一起出席在华盛顿新西兰大使馆的晚宴，"或者"我应邀参加一个丈夫——妻子的电视节目，你能去吗？这对我很重要。"那他总会和我一起去的。

当他请求我给青少年糖尿病协会讲话时，我总是很高兴讲讲如何对待一个患有慢性病的孩子。当他被纽约基督教青年会命名为年度优秀先生时，我从加利福尼亚赶回来，这样我就可以在庆祝会上为他作个介绍。

然而在家里，我的事业和他的业务都撩在了一边。在家里，我们是丈夫和妻子，是妈妈和爸爸。我们是很平常的美国家庭，除了我们的生活比大多数的家庭要安静一些。

我们的生活实际上都围绕着丽莎。我们常常竭尽全力去出席父母日和所有的学校演剧和集会。我们尽可能地和她一起分享我们的生活。米尔特常常带她去医院和他的办公室。当有些特别有趣的节目时，我则把她带到无线电台或者电视摄影棚里去。

有一次（这成了一个让人喜爱的家庭故事），我带她离开学校一周，和我一起去做一次全国演讲的旅行。我希望她知道我离家以后的生活是个什么样子。我还想，这样的旅行也很有教育意义。

在回家的飞机上，我问她从我们这次旅行中学到了什么。她沉思了一会儿说："我发现，当你坐在主席台上时，别把鞋脱下来，因为台下的人能够看见你的脚。"这就是旅行开阔眼界的收获。

当丽莎离家上大学时，我们的家庭生活就更加安静了。我们美好的夜晚，就是穿着睡袍坐着读书或者谈话。我们通常九点上床，在关灯以前看一会儿电视。我们都起得很早，因为米尔特早上大多六点以前就要离家到医院去查房，而我总是起床为他做早餐。

我们喜欢一起在农庄劳动。我们在厨房里花好几个小时用我们自己的西红柿做番茄酱，用自己的苹果做苹果酱。有一年，我们决定学习如何从枫树中汲取树液，自己做枫树蜜。这太有趣了，米尔特决定，我们需要更多的枫树。因此我们订购了五十棵，种在了自己的枫树丛里。

这是很艰苦的劳动，但是我们每一分钟都过得十分

愉快。

我们在农庄度过的星期六夜晚是很特别的。我们总是在路上买一张彩票，我们晚间的娱乐就是在床上观看十点钟的新闻，看看我们是否中奖。我们从来没有赢过，但是我们永远没有丧失过希望。

大概我们生活中最快乐的日子是四月的那一天了，我们在丽莎的婚礼上跳舞。正如我和米尔特相遇的刹那间，我们知道就是对方的另一半儿一样，我们知道他们相遇的那一刻，丽莎和埃米尔就是对方的另一半儿。他们约会了一段日子，然后又分开了。当丽莎在新奥尔良图兰的医学院学习时，他在休斯敦的贝勒医学院学习，他们又来往起来。这次他们明白了米尔特和我早就知道的事情。

他们在我们老农庄后面的大草地上举行了婚礼，我们搭了一个有跳舞地板的大帐篷。当米尔特和我随着丽莎和埃米尔走上跳舞厅时，我高兴得流下了眼泪。

这就像我们生活中的一章结束了，开始了另一章。这一章，我觉得要比所有结束的几章更加快乐，因为米尔特和我比我们结婚的时候更加相爱了。

我从没想过，我们的爱情故事会有结束的一天。每一个新的外孙都是一个祝福，使我们的生活更加丰富。

我们有许多计划。

而现在呢？现在一切都在上帝的手中。

某一天生活是金色的，而第二天，在毫无知觉的情况下，你拐了一个弯，从那时起，光线逐渐暗淡下来，直到你发现自己孤身一人在黑暗中，既失落又悲伤。你回过头去才意识到，啊，原来这就是开始的时刻。

痛失我爱

发怒是许多人的临终过程。为什么不呢？生活是甜蜜的，谁愿意结束它呢？我理解米尔特的发怒，尽管这使我很难过，但在某种程度上，我还是欢迎它的。

在内心调节愤怒会把你生吞活剥掉的。妇女的情感问题比男人要少的原因之一是，跟绝大部分的男人不一样，她们允许自己哭泣，这就帮助她们摆脱了压力。

没有什么好转的迹象，一切是每况愈下。从到医院探访的人上就能看出他病情的变化。

一开始他还有希望康复的时候，许许多多医生来访。很多下午就像小小的聚会一样。但是随着他的病情越来越重，一直在住院出院，这些探访者就逐步减少了。许多医生都不愿和死亡打交道，他们专注于治疗，把死亡看成是不成功的结果，是个人的失败。而且处理同事的死亡更为困难，因为这使得他们面对自己的死亡。最后，只有那些给米尔特治疗的医生和一些老朋友前来探视。

当癌症扩散到骨头时，他们开始给米尔特进行另一个化疗的疗程。每次他们发现癌症扩散时都是一场灾难。要进行所有的痛苦检查和令人担忧的化验。然后是紧张地等待结果。由于骨癌的疼痛，除了药物以外，他们还给了他相当剂量的止疼药。

在感恩节的那个周末，米尔特精神失常了。真的。那是一个四天的周末，没有医生值班。我留了口信，但是没有人给我回电。到星期天的早上，米尔特真的是精神错乱了——发疯了。我急得发狂。

星期一上午，我还是找不到他的医生，我只好给女婿打电话，他和我女儿一样，是个眼科医生。

“埃米尔，”我告诉他，“我们有麻烦了。米尔特失常了，我找不到他的医生。我想，是他服用的那些止疼药物让他发疯了。”

埃米尔说，他会给他肿瘤学家的朋友打电话，征询是否有可以治疗癌症疼痛的地方，让米尔特去试试。他在一个小时之内给我回了电话，给了我两个人的名字。他说，这两个人中，他认为凯瑟琳·福利，纪念斯隆-凯特林癌症中心的疼痛医疗所主任是首选。

因此我就给福利医生打了电话。她听出了我声音中的痛苦，告诉我说："马上把他带来。"

正如我所怀疑的，米尔特的错乱是由药物造成的。他的每一个医生——直肠医生、胃肠医生、肾脏医生、肿瘤医生——都给他开了他们认为必要的治疗癌症和止疼的药物。当我们到巴尔的摩的约翰·霍普金斯医院时，他们开的药物更多。我从来没有听到过有人说："嘿，假如我们让他服用这个，也许会让他发生这种或那种问题。"

疼痛医疗所棒极了。他们对止疼药和治疗的药物，以及所有的一切进行了调整，米尔特再也没有发生被止疼药搞得发疯的情况。在进行了药物平衡以后，尽管他并没有完全消除疼痛，但总算能够维持下去了。

我们觉得福利医生出色极了。从此她在米尔特的治疗中变得十分重要。米尔特给了她以最高的赞美（要知道，他是个未经改造的大男子主义者，但不管怎么说，我还是爱他）。

福利医生曾经问过他一个问题，他说："你知道，那个问题对一个女人来说，是一个非常机敏的问题。"

他越来越虚弱，越来越瘦，也越来越古怪，动不动就发脾气。我对古怪和容易发脾气有所准备。我父亲在去世前几个月就很容易动怒。而且不管是什么原因引起的，总是我的不是。因此当米尔特发怒时，我理解这一点，尽管有时很难忍受，我还是尽力地不以为意。。

我开车特别激怒了他。他的身体情况已经不允许他再开车了，因此由我来开车带他到各个医疗地点去，而我根本就别想讨好他。我总是一无是处。要是我错过了绿灯，他会咆哮说："你怎么老是碰到红灯？"不管我走哪条路，总是："你为什么走这条路？……你开的太快了……你为什么这么慢？"等等。

发怒是许多人的临终过程。为什么不呢？生活是甜蜜的，谁愿意结束它呢？我理解米尔特的发怒，尽管这使我很难过，但在某种程度上，我还是欢迎它的。

在内心调节愤怒会把你生吞活剥掉的。妇女的情感问题比男人要少的原因之一是，跟绝大部分的男人不一样，她们允许自己哭泣，这就帮助她们摆脱了压力。要是你不能把自己的愤怒以某种方式发泄出来——通过哭

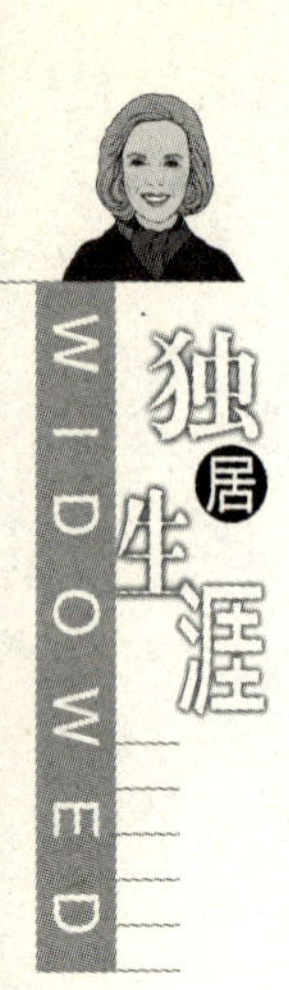

泣、诉说、大运动量的体育运动或别的活动——那么压力就会积压起来毒害你的系统。就像雷暴一样，狂风骤雨，空气永远不会清新。但是电闪雷鸣过后开始下雨时，雨后空气就清新了。米尔特就是这种情况。一旦他能够发泄出他的愤怒，空气就清新了，气氛就平静了。

我是他发泄的惟一目标。他不能对他自己发怒。他不能对他的医生发怒，因为他得依靠他们。但是他可以对我发怒。他知道不管他说什么或做什么，我总是会和他站在一起的。

因为我理解这些，米尔特的生气和容易动怒对我来说就不是什么烦恼了。他要是想要个枕头，不想要枕头，想要这个，不想要那个，我都满足他的要求。我从来不和他顶嘴，不管他是多么的变本加厉。但有的时候，我会忍不住哭了出来。

他摆布我就像一个孩子摆布他的母亲一样，就想看看他能耍赖到什么程度，一直到我开始哭泣，然后他就平静下来了。

开始的时候，每当我不在城里，给他打电话询问他的情况时，我常常忐忑不安。我知道他不会说什么积极的话语，但是如果我不问呢，又显得太不关心。他总是非常生气地咆哮说："你觉得我会怎么样呢？我得的是癌症，我疼得很。”最后我决定，即使他很生气，我还是问候他为好，因为这是另一个泻导他的愤怒的方式。一旦我让自己明白了这一点，事情就容易多了。

在他手术以后，除了以前就签订好的合同以外，我停止了工作。不管我得到城外什么地方去演讲，我总是计划在预定演讲的前一刻到达，并且尽早地离开。要是当天没有飞机，我就包机飞回，这样我就不用在外过夜了。

这些努力与其说是为了米尔特，更多的还是为了我自己。离开他让我感到内疚，但他总是说：“去吧，你不能每天都待在这儿。这对你是有好处的。就是别在外面待的太长。”

当我外出时，丽莎会从衣阿华飞来陪伴她父亲，或者他的姐姐玛吉从佛洛里达飞来。后来我还请了个护士来照顾他。我从来不愿把他留在家里或医院里，身边没有亲人照料他。医院里人很多，但是如果你生病时身边没有亲近的人陪伴你，那医院就是世界上最寂寞的地方。

人们常常说，我走出家门，换换空气肯定是一种解脱。根本不是解脱，而是担忧。我的内在钟在我关上家

门时起就开始记时，而每一分钟都增加了我的焦虑等级。当我回到家时，焦虑更甚，我一出电梯就顺着大厅往我们公寓跑，我迫不及待地想看到他，确信他一切都好。

只有当我人在现场，我才感到踏实，因为我知道事情进行得怎么样。即使我在隔壁的办公室工作，或者在厨房里做饭，离开他都会使我焦虑不已。

不管我愿意不愿意承认，他在秋末和冬天是越来越衰弱了。到农庄的旅行是最后一场精力的聚集。现在越来越糟糕的不详迹象出现了。让我心碎的一件事是他收到了一个老朋友的来信。他看完以后，就坐到打字机前去写回信。他写道："亲爱的奥斯丁——命运对我很不公平，我得了癌症。"

他就写了这几句。他没有力气再写下去了。

他再也没有把它写完。

一直到他去世那一大，信还在打字机里。

在他经受了成百次的检查以后，终于在一次检查中发现了造成大肠症状、令他几乎遭受一年痛苦的原因：毒性肿瘤。他们开始给他进行放射治疗，肿瘤明显地缩小了，但是它非常消耗人的体力。

放射治疗让他完全没了胃口。在那以前，我总能设法让他至少吃上几口，但是现在他什么也不肯吃了。他虚弱得从车上下来后，连从便道上走到医院去的力气都没有。我不得不用轮椅推着他。后来，几乎他所有的一切活动都得在轮椅中进行，同时还需要我的帮助。

圣诞节以后，安排他开始另一个治疗大肠肿瘤的放射治疗疗程，但是我觉得他无法顶下去了。“他不像一个星期前那么强壮。”我告诉肿瘤医生韦纳博士。

“那么在我们开始新的疗程之前，就再等一个星期。”他说。

米尔特什么也没说，但是我知道，即使是暂时的缓刑也让他松了一口气。

我觉得他应该住进医院，这样他们就能给他进行营养性的静脉滴注，而且我相信就是他的拒绝进食造成了他的虚弱。我建议他请医生收他住院，但是他说：“我宁可死也不再住院了。”

丽莎的第四个孩子预定在一月份的第一周出生，我本打算去看她的，但是在米尔特身体非常虚弱的情况下，我不想离开。

一月七日星期天上午，他虚弱极了，并且糊涂得连

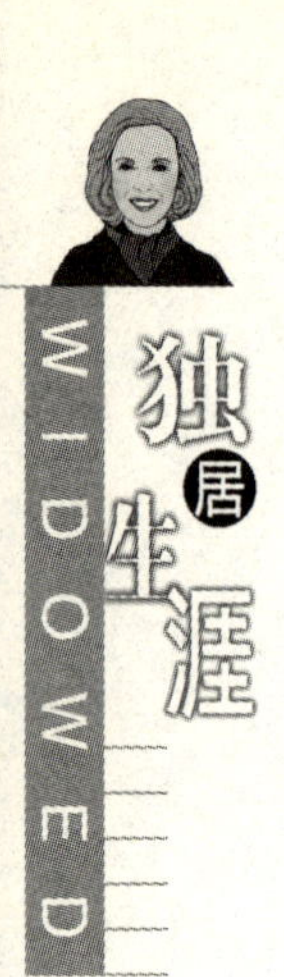

换尿袋也没法做了。由于他一开始就坚持不让我插手，我一点儿也帮不了他，而且周末也找不着人。我给医院打电话，给医生打电话，给护士打电话，没人能帮助我。我简直到了崩溃的边缘，但是最后我想：“好吧，我自己来，我想我能做。”我就干了。我照着合乎逻辑的方式做。在我做的差不多时，我发现米尔特在玩儿一个部件。这差点让我歇斯底里，因为我不知道这个东西该放在哪里。后来才知道，它是另一个尿袋上的部件。

当我正在忙着搞尿袋时，米尔特说：“去把乔伊斯找来。她知道怎么干。”

我说：“可我就是乔伊斯啊。”

他不停地说：“去找乔伊斯。”这差点让我发疯。在我们的整个婚姻生活中，米尔特老是觉得，只要有问题，我总能设法解决。现在他甚至不知道我就在那儿，而且我已经解决了问题。

在他昏睡过去时，我离开他给福利医生打电话。“我想他情况不好，”我告诉她。“他已经不是他自己了，他好像在退步，他一直不吃东西，而且他变的越来越糊涂。而且现在”——我开始哭了起来——“现在他甚至连我也不认识了。”

“这是常有的事，”她说。“有时人们会退步，不吃东西，人也变的糊涂。然后他们就会自己恢复过来。有时他们就倒退直至死亡。这是没有办法的事情。”

“他得待在医院里，”她告诉我。“只有待在医院里，我才能尽力帮助他。你知道，他必须作出决定。他想不想活下去？或者他想死？”

我告诉米尔特我和福利医生谈过了。“我知道你痛恨住院，但是她说这是让你活下去的最好机会。她在医院里可以为你做得更多。”

他没有犹豫，一秒钟也没犹豫。尽管他说过他宁可死也不再住院了，当他必须选择时，他选择了生存。我立刻开车送他到纪念中心，他被收留住进了医院。

我还抱有希望。是的，他很虚弱，不能进食，但是他化疗的效果很好。当他们最终找到大肠里一直折磨他的病灶，进行放射治疗时，他们获得了非常显著的效果。第一次疗程就使肿瘤缩小到解决了大便问题的程度。

住院显然对他大有裨益。医疗效果几乎立杆见影。他打点滴，几小时之内，他就不那么糊涂了。

当埃米尔那天下午来电话说丽莎生了一个女儿时，米尔特的情况很好。我毫不犹豫地准备去看看婴儿。丽莎的公公说他会在我离开的时候和米尔特在一起，这就让我安心了。但是米尔特说：“别，别去。我需要你在这

儿。”

我告诉他说，要是他想要我待在这儿陪他，那我根本就不考虑去的问题，但是他想了想，过了一会儿说：“你知道，你真该去看看那个婴儿，替我看看她，替我亲亲她。”

于是我在第二天早上，即星期天早上飞到衣阿华，直接去了医院，看望丽莎，抱了抱阿里尔。我亲吻了只有一天大的外孙女，又为她的外公亲吻了一下。我呆了一个小时。丽莎希望我呆的长一些。“坐晚一班的飞机走吧，”她鼓动我，但是离开米尔特再长的时间让我难以安心。我完成了此行的目的，我看到了丽莎，亲吻了婴儿，知道了她们都好，母亲和婴儿都精神焕发。现在我想回去陪米尔特了。

我回家时，医院的探视时间已经过了。我很疲倦，我一大早就离开了，我想我还是直接回家睡觉，第二天早上再去看米尔特。我甚至没有把握他们在探视时间结束以后会让我进去，但是我决定还是去。要是他们不让我进去，我想，至少我自己觉得安心了，因为我尝试过了。

他们特许我进去探视。当我问起护士他的情况时，她说：“不错。他打了点滴，不再糊涂了。”

这很令人振奋，我到他病房里走到床边。我握着他的手，他睁开了眼睛。

“啊，乔伊斯，”他说。“坐下。”

他又闭上了眼睛，我就坐在旁边握住他的手看着他。我心里充满着矛盾的感情。在看望过丽莎和她的婴儿以后，我很兴奋。可现在我很伤感，一种绝望的伤感。

我心中充满了爱。

我开始说话。我告诉他我去看望丽莎和新生婴儿的情况。我谈论我们的外孙们。他们对我们是多么的亲近。他们成长的多么令人欣慰。我说到丽莎，她让我们感到多么骄傲，她是个多么好的妻子和母亲。我说到了我们的恋爱，我们等了那么长的时间才结婚，我们结婚的时候是多么年轻。我提到了我们的农庄，我们在那儿度过的美好时光。

我说了几个小时。说到了一些傻事，一些开心的事，我们所珍惜的时光，在我们共同生活中对我重要的一切。

我握着他的手，倾吐着我的心声。

我一遍又一遍的告诉他，我是多么的爱他，他一直让我感到幸福。

我不知道他是否听到了这一切。他最后对我说的话是：“啊，乔伊斯，坐下。”

独居生涯

WIDOWED

第二部分

穿过悲痛的通道

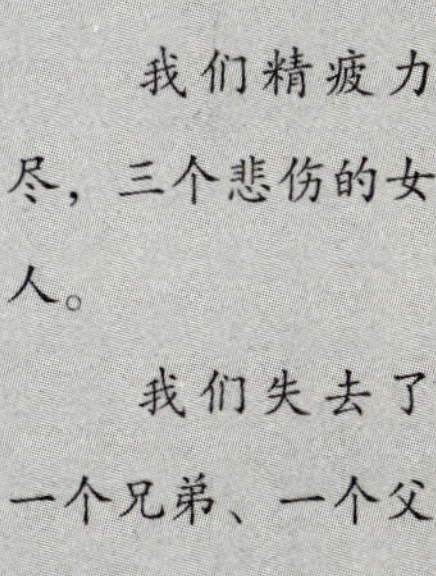

我们精疲力尽，三个悲伤的女人。

我们失去了一个兄弟、一个父亲、一个丈夫。

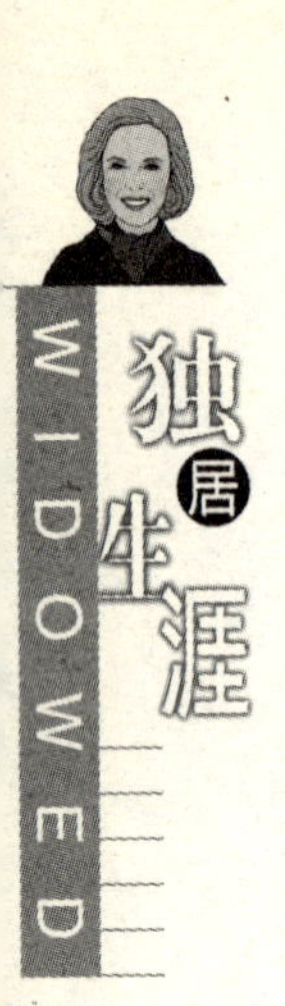

我一直觉得米尔特和我都要在长岛的贝丝·戴维公墓即我们家庭的墓地里葬在一起。大家都在那儿，我父亲、母亲、我叔叔和姑姑。那儿还留有我母亲、米尔特和我、我姐姐依莱恩和她丈夫、丽莎和她丈夫的地方。

但是米尔特的姐姐玛乔里希望他葬在他家墓地里他母亲的旁边。那就意味着，当我入葬时，我就得和我的父母亲分开了，而这是我不能接受的。因此我哀求玛乔里理解这一点。

幸好她同意了。但这是我没有预料到的障碍。

我母亲是另一个没有预料到的障碍。她筹划好了谁应该埋在墓地的什么地方，但是根据她的计划，假如米尔特埋在她所选定的地方，那么最终家庭中的一对成员就得分开。

因此我得给母亲画一张框图，她在最近几年情况不太好，向她说明有办法可以让每一个丈夫和妻子并肩埋在一起。她花了几个小时琢磨它，最后，因为她理解了这一点对我的重要性，她同意了。

选择在葬礼上致悼词的人是最困难的工作，要求具备外交家的技巧。我曾经希望每一个关心米尔特的人——并且愿意致辞的——都说上几句，但是葬礼主持人解释说，要是致悼词超过几分钟，那么就要在公墓耽误时间，因为掘墓人有一个统一的用餐时间。我不能让人们站在一月的寒风中等待掘墓人用完午餐，因此我决定就让犹太教传教士和米尔特的两个朋友致辞。

我非常希望米尔特最好的朋友来讲话，但是拉费建议我说，在犹太教的仪式中，最合适的就是选择一个在米尔特当医生、当教师时就认识他，同时也是朋友的人。所以我选择了乔治亚·尼科利斯医生，他在米尔特是学士、教师、门诊医生的时候就认识了他；还有瓦尔特·森塞医生，他是米尔特的朋友，是他当内科医生时认识的。

有成打的问题要解决，有些是小事，有些是实际的事，有些涉及到激烈的情感和受伤的感情，这和家庭生活中巨大分水岭的过程——婚姻、孩子的诞生、病重和死亡——是相当的。

我没头没脑的往前闯着，盲目地应付着一件一件事情，大部分事情我已经记不得了。

那些天里有许许多多事情我都不记得了。

我甚至不记得我在葬礼上穿的是什么衣服。我只知道当时玛乔里和丽莎在卧室里，当我开始把衣服从柜子里往外拿、询问她们我穿什么衣服好时，她们选择了她们认为合适的服装，我穿上了，随后我就把它们扔开了。

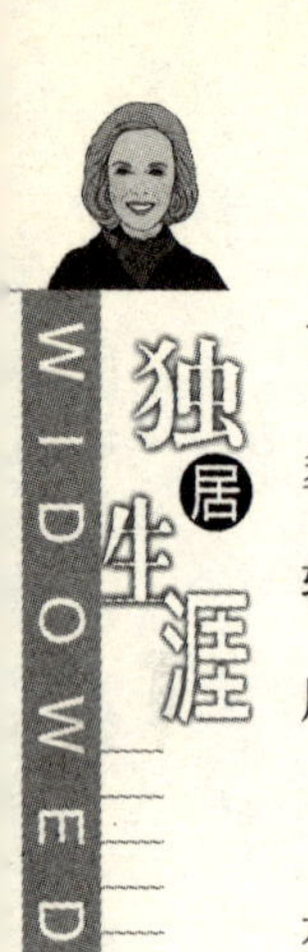

回家还没有喝上一杯热茶，人们就开始抵达公寓了。突然之间，公寓里挤满了家人和朋友，有些我已经多年不见了。每个人都在微笑着谈论并分享着米尔特的轶事。这是一个亲亲热热的聚会——除了米尔特没有出席。

最后大家都走了，只剩下了玛乔里和丽莎。丽莎是在米尔特去世后带着只有三天的婴儿赶到纽约来的。她们准备待上几天，直到我能支撑自己时为止。我们精疲力尽，三个悲伤的女人。我们失去了一个兄弟、一个父亲 、一个丈夫。一切都结束了，再没有什么可干的了。我仍然麻木不仁 、震骇不已，我还没有意识到我受到的是什么样的打击。

我上床以后立刻就睡着了。

葬礼以后，我们郁郁不乐地在公寓里走动。我们想着开始整理米尔特的东西，但是没有人能够面对这一切。我们整理不了任何东西，我们就那么坐着。

我觉得自己似乎是处身两种生活之间一块没有人的土地上——熟悉的一切现在永远地失去了，而未知的让我忧心忡忡。在某种程度上，我很遗憾我没有守丧。这会给你提供一个新老交替的转换。但是米尔特要我答应他别这么做。尽管他相信上帝，但是他并不是特别严格遵守教规。他觉得这个年代久远的传统是残酷的、压抑的。“我希望你外出忙忙碌碌，”他告诉我。“那才是你所需要的。守丧对你没有什么好处，它只会让你更加劳累不堪。”我不知道他是否正确，但是重要的是我得照着米尔特希望的那样去做。

那天下午我接到帕特萨加克节目的一个电话。他们不知道米尔特去世的消息，他们想知道我是否能在星期五去洛杉矶，做一个餐馆评论的节目。我说我会给他们打电话，然后我征询丽莎和玛乔里的意见。

“你们看呢？”我问。“我该不该去？”这对我很有吸引力。走出公寓的机会就像给了我一个打破牢狱的机会一样。

“去吧，”丽莎说。她强调说：“现在除了呆在这里萎靡不振，你什么也干不了。我总得回家。埃米尔单独和迈克及女儿们在一起。”

“这是你目前在世界上所能干的最好事情，”玛乔里补充道。“米尔特不会希望你呆坐在这里什么也不干的。”

他们是对的，我告诉自己。米尔特也会说同样的话。因此我回了电话，说我接受这个节目。我第二天一早就飞往洛杉矶。当我到达摄影棚时，我吃了一惊。脚本要求我在进行评论的餐馆和一个播音员约会。

8 悲痛

回忆和回忆激发的眼泪是治疗过程中的伙伴。眼泪不只对身体有益，让寡妇感觉好过些；它们在心理上也是有益的。一个寡妇哭泣，并且以眼泪来缓解失去的痛苦的情况越多，那么她对失去的适应性就越强。

适应了它就减少了痛苦。总有一天，当她想起她丈夫的时候没有了痛苦，没有了眼泪。

许多人以为我是一个能干、沉着冷静的女人，是一个能在全国独自飞来飞去，站在电视摄像机前泰然自若的人，稍加准备就能演讲任何心理学问题的人。

我就是那样的一个人。

但是我实际上是——或者以前是——一个妻子。我恋爱、订婚三年，结婚三十九年就是为了让米尔特幸福——而我热爱这段生活的每一分钟。我仍然在全国飞行，我仍然在电视上露面，我仍然演讲。但是在1989年一月九日，我失去了我生活中真正的地位，失去了我最心满意足的角色。

在米尔特去世之前，我从来没有一个人单独生活过。我从父亲的家走到了丈夫的家。现在，从来没有单独生活过的我，独自面对生活了。占据我心田四十二年的男人去世了。眼前的几个月是我生活中最为困苦的日子，我正在为应付我的悲痛、为自己铸造一个新生活而奋斗。

作为一个心理学家，我很熟悉英国精神病学家考林·帕克斯博士关于悲痛和哀伤的划时代著作。

"悲痛，"他写道，是惟一的"原因不明的功能性精神错乱，特点明显，而且过程通常是可以预见的。"

我常常就悲痛的过程进行演讲和书写文章，解释说每个丧失亲人的人都要经历一系列的阶段或反应，最后接受了他或她所失去的，到那时，就是恢复正常生活的时刻了。

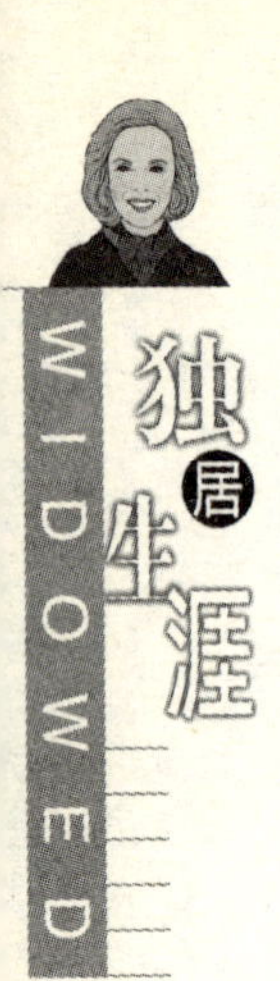

的自我怜悯，不过我在当时没有认识到这就是自我怜悯。

在福利博士来电告诉我米尔特去世以来就包围着我的麻木不仁，在我从洛杉矶帕特萨加克节目回到家时，就被倾泄的眼泪冲刷掉了。

哭泣变得几乎像呼吸或眨眼一样，成了一种自动的、不假思索的反应。当有人问到我是怎么了……当我路过米尔特和我常喜欢去的餐馆……当我到车库里去开车看到隔壁米尔特的红跑车……当我拿起一份有米尔特签名的文件……眼泪就开始流了出来。

我早上醒来他不在身边的时候我哭。

当我忘记了这一切——半夜时分伸出手去他不在的时候我也哭。

有时这会让我十分尴尬，因为眼泪让别人很不愉快。寡妇也是这样。哭哭啼啼的寡妇就像流感一样的普遍。对寡妇的眼泪，最标准的反应就是告诉她停止哭泣。“听着，你不许哭。你会让自己得病的。眼泪没有用。”

这种标准的反应是最糟糕的反应。

眼泪是有用的。寡妇需要哭泣。她不需要哭泣的时候自然会停止。实际上，眼泪是寡妇最好的朋友。它们是初级的治疗仪器，一种感情上的最早帮助。

悲伤或愤怒的眼泪包含着百氨酸－脑啡呔，是一种大脑自然疼痛的缓解剂。它们还包含催乳激素，一种鼓励分泌眼泪的荷尔蒙（女人的的催乳激素比男人多一半，这多少解释了为什么女人比男人哭得多）。

“在我们进行揭示眼泪中的催乳激素和白氨酸－脑啡呔试验之前，我们先在中央神经系统中对它们定位，”威廉姆·弗雷二世博士，生物化学家和明尼阿波利斯圣保罗－拉姆齐中心的干眼和眼泪研究中心研究主任报告说。“我们问自己——这些大脑化学物质在眼泪中有什么作用？”

答案是，弗雷博士认为，哭泣触动了大脑释放这些化学物质。“哭泣是一种外分泌的过程，”他说，“在这个过程中，一种物质——像汗或者尿或者粪便——从身体中排出，清除了有毒的物质。有理由相信，眼泪做的是同样的工作。哭泣并不仅仅让人感觉好一些，它是一种适应感情压力的演化装置。当一个女人悲伤或者愤怒时，哭泣排出了造成压力的化学物质，帮助她感觉好过些。”

眼泪的价值在太古时代就认识到了，尽管直到最近人们才懂得了它们的心理功能。有人曾经告诉我一个犹太圣经经传中一个有趣的故事，说明了眼泪的重要性。

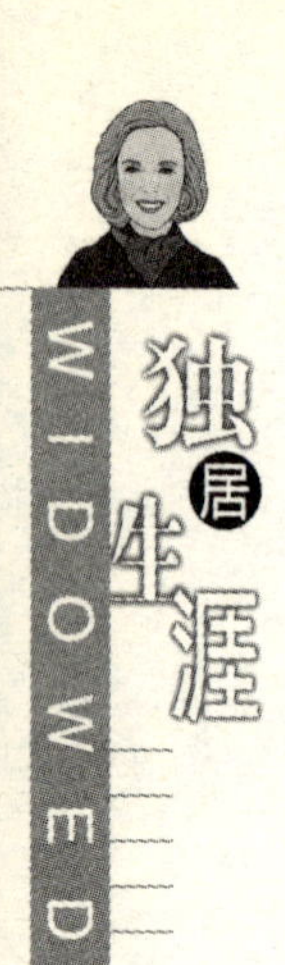

满心的可怜自己，因为假如我想修好它，我得自己干，但是我已经知道了该怎么办。我擦干眼泪出去买另一本教你怎么干的书。

即使当我能够设法应付一些事情，并且有了某种成功的感觉时，也常常会有一种别扭的心情，把成功的喜悦冲洗得干干净净。米尔特去世以后的那个夏天，我掌握了割草机，在乡村的房屋附近割草。当我割完以后把割草机开到库房里去时，前轮从腐烂的跳板上陷了下去。我必须找个人来把拖拉机的前端从坑里抬起来。

没有一本教你怎么干的书告诉你如何应付这种类型的灾难。

没有一本教你怎么干的书能告诉你如何擦干你的眼泪。

整理米尔特的衣服就引发了一个尼亚加拉大瀑布。它们引起了那么多的回忆。我有好几个月都无法面对这项工作。

有一次我离家外出时，给米尔特买了一件柏帛丽雨衣。这是一件相当昂贵的物品，米尔特非常高兴，特别是因为我买这件雨衣没有什么理由，那并不是他的生日，也不是纪念日；只是一件礼物，一个惊喜。

一天在医院里时，他的医生看见了米尔特的柏帛丽雨衣说："你真没有亏待你自己。我都没有柏帛丽。"米尔特告诉他那是我给他买的，医生说："没有人爱我爱到给我买一件柏帛丽。"每次我一想起这就会热泪盈眶。

还有米尔特生病时我给他买的睡袍和睡衣。每次我离家外出，我总是给他买一件睡袍或一双拖鞋，或者别的什么东西，这样他就知道我一直在想着他。现在，所有这些漂亮的、实际上还没用过的东西都在这里。我想保存它们，我要穿着他的睡衣睡觉，把睡袍剪短。但这是一个愚蠢的想法。米尔特又高又大，我可以在他的睡衣和睡袍里游泳。

一直到他逝世十个月以后，我才能挺住自己，把这些睡衣和其他一些衣物送给了慈善事业。当然这又触动了我痛苦的眼泪——当我出空他的衣柜和抽屉时流泪，当我把一切折叠起来塞进绿色的塑料袋时流泪，当慈善商店的人来把这些袋子拿走时流泪。眼看着他的生活成包成捆地变成了塑料袋，真让人心碎欲裂。

最艰难的事情之一是整理他的钱包。我拖了又拖，但是有一天，我需要给他的汽车登记，终于不得不整理他的钱包。里面有些钱，常用的信用卡，注册卡，以及——这又打开了我倾泻眼泪的闸门——当他发现心颤时所做的一张小型心电图。他总是随身带着它，以防在离

有的时候，我会觉得我比米尔特去世以后头几周的情况更加糟糕，这让我十分担心。

有研究表明，从大屠杀中活下来、而且活得比较好的人，是那些不记得任何有关屠杀事情的人。他们似乎对这一切得了健忘症。他们甚至连做梦都想不起来。适应得最好的男人和女人就是把所有的经历全部忘掉。

我担心的是，我生活中的一切仍然和米尔特息息相关。这就像在我的头脑中一直在和米尔特不停的进行对话一样。我害怕我永远也不能适应他的死亡，我担心我有什么问题了。

我的担心就是一种迹象，即一个十分合乎理性的寡妇会变成一个失去理性的人。我说失去理性是因为大屠杀和我的婚姻是截然不同的感情和经历范畴的极端。大屠杀是地狱；我的婚姻是天堂。一个人对这两者的反应是无法等同的。我有充分的理由忘却前者，也有充分的理由记住后者。

我也知道——在理论上而不是在感情上——这样的记忆，这样的重复，是承认你所失去的、明白你已经永远失去了、而现在你必须继续前进的惟一方法。西格蒙德·弗洛伊德认识到了这一点，所以他写道——相当自相矛盾——记忆是忘却的最好方式。这就像每次你回忆的时候，治疗的电影在记忆中放映，一直到它不再是血淋淋的伤口时为止。你会重新变得完整和健康。也许会有一个伤疤，但是你继续在生活中前进。

回忆和回忆激发的眼泪是治疗过程中的伙伴。眼泪不只对身体有益，让寡妇感觉好过些；它们在心理上也是有益的。一个寡妇哭泣，并且以眼泪来缓解失去的痛苦的情况越多，那么她对失去的适应性就越强。

适应了它就减少了痛苦。总有一天，当她想起她丈夫的时候没有了痛苦，没有了眼泪。

几乎过了有一年，我想起米尔特就不再掉泪了，不过在那时我也没有十分的把握。这个转折是在我想起米尔特常常称呼我为橱柜夫人的时刻。尽管伤心，我还是笑了起来。

疼痛是非常实实在在的。我在厨房的橱柜门上碰了一下脑袋，碰得很重，肿了一块。在我做饭时，我常常把橱柜的门打开着，这样我就可以取这样那样的东西。米尔特常常走进厨房里说："我看见橱柜夫人在这儿；你总有一天会碰伤自己的。"他一边说着一边关门。

而我总是说："我矮，不会碰到门的。"我从来没有被碰过头。

我们的生活，爱他的工作。即使每次我想到，要是他二十年前就停止吸烟，我们仍然可以一起共同生活时，我就会流下痛苦的眼泪，但那我也从来没有真正痛恨过米尔特。我常常对他所做的或所说的大发脾气，但是十分钟以后，我们就会一起笑出来。我告诉自己，现在我不会再痛恨米尔特了。你不能和一个死了的人亲吻、争论和欢笑了。

然而我还是充满了愤怒。我对这种感觉大吃一惊。我愤怒——不是针对米尔特，而是为了他的死亡。我愤怒是因为我苦苦地想念着他，因为我知道再也没有别人像他那样对我的生活至关重要了。因为我痛恨成为一个寡妇，因为我害怕，因为我觉得在世界上孤独。

而大部分时间我是对这个世界愤怒。

一天早上，当我看见一对夫妇和两个孩子一起往旅行车上装车，准备外出度周末时，我不由得狂怒起来，因为他们有这个特权，而我却没有。我变得非常在意成双作对的夫妇——在餐馆里、在飞机上、在超级市场、在旅馆登记、在街上散步、去看电影时。他们手拉着手，亲密的交谈，会心的微笑，一起进餐，一起回家。好像每个人都是夫妇中的一员——只有我不是。我孤身一人，我痛恨这一点。每当我看到一对夫妇之间相互生气，我就会想，啊，上帝，你们为什么要这样惹对方生气呢？要是你知道当他永远离开以后是个什么情形就好了。

在晨报上每次看到讣告我常常会生气。所有这些男人好像都活了七、八十岁。米尔特只有六十二岁。他为什么就不能再多活十年二十年呢？

我生气是因为我生活的很大一部分和他一起逝去了。我老是在想，我们的生活刚刚走上正轨，就分崩离析了。我们有一个出色的女儿，有惹人喜爱的外孙。我们没有经济问题。我们有一个我们都喜欢的农庄。有那么多的事情我们打算一起去干。我们的生活金光灿烂。现在所有这一切都从我这儿被夺走了。

许多寡妇，或许是绝大多数寡妇，都会经过一段对丈夫非常狂怒生气的阶段。“我对他的死愤怒不已，”一位妇女说。“给我留下的是两个年幼的孩子、一条小狗、一座抵押贷款的房子。我该怎么办呢？他怎么能对我这样做呢？”

一位年长的妇女告诉我说，她被内疚压倒了，因为她曾经对她那故世的丈夫一直非常生气。“我为生活中每一件不顺心的小事情责备他。当我打碎一个杯子……当炉子的火灭了……当没有人来修理房顶时……当汽车要换一个新的消声器时……当我从图书馆借来的书过期

时……当我体重又增加了五磅时，我都生他的气。

“有时我大喊大叫，‘你这个该死的东西！你把我一个人留下来对付这些乱七八糟的事情！’可他死了，永远离开了，这个我爱的男人，我仍然爱着的人。在他活着的时候，我永远永远不会对他这样大喊大叫。当这些话从我嘴里出来时，我自己都大吃一惊。我为自己感到羞耻，我觉得内疚，深深的内疚。”

其他的寡妇把她们的愤怒转向了外部世界，抨击所有的人，每一个人。她们在给她们丈夫治疗的医生身上找毛病。她们发怒就是因为一个朋友不能来出席葬礼。她们会对那些并无恶意的意见勃然大怒。她们和家里人吵架，她们对邻居大吼大叫。

所有这些行为和个人的特性是完全不相符合的。在许多情况下，寡妇是在进行无意识的战斗，以避免面对她真正愤怒的目标——已经去世而抛下她孤身一人的丈夫。要是她向他发泄愤怒，她会觉得自己像个怪物。内疚是难以忍受的。

但是内疚是没有道理的。

孤独和愤怒就像盐和胡椒相伴一样。孤独使得身体系统紧张，紧张造成红血球细胞结团，这是精神病学家约翰·拉森，康涅狄克州诺沃克医院紧张医学研究所所长说的。“这种结团，”他说：“夺取了肌肉、神经和其它组织的营养。正是由于剥夺了某些大脑细胞营养，造成了和紧张相关的易怒。也就是大脑细胞没有了它们所需要的营养。”

考虑到孤独在身体上造成的后果，以及丧失所带来的心理上的后果，生气实际上是不可避免的，因此当寡妇把愤怒集中在她故去的丈夫身上时，她不必感到内疚。

当你热爱或者需要的东西从你身边被拿走时，生气是很自然的。当她世界中最重要的人离开了她，使得她一夜之间成了寡妇，作为一个妻子，她是愤怒的。

事情确实如此。寡妇在我们国家中是最受压迫的少数群体。一说起社会地位：“寡妇在所有方面都是受损失者，”她愤怒是因为她丈夫去世了，而他的死剥夺了她的爱、理解和陪伴。

她生气是因为她在感情上没有了安全感，是因为她没有了经济上的安全感。她愤怒是因为她真正的身份被毁掉了，因为她没有了地位。她愤怒是因为她只身处于寂寞的黑暗深渊时，还得应付所有失去的一切。她生她丈夫的气，因为他死了，而让她留在了这个悲苦的环境

里。

海伦娜·洛帕塔这样说。“寡居生活在我们这个社会中，意味着社会地位的下降，女人和男人的关系仍然是一个女人价值的基础。”

认为妇女的社会地位很大程度是取决于她生活中是否有个男人，洛帕塔在这一点上的见解并不是孤立的，尽管现在是开明的女权主义时代。《女性心理学》上发表了一项由二十九岁以上妇女参加的研究，有百分之八十八的妇女认为她们自己是社会的废品。大多数人对自己这么悲观是由于她们没有结婚。正如一个参与者告诉研究员说：“一个没有结婚的女人可以取得很高的事业地位，但是只有结了婚的女人才能取得很高的社会地位。”

我很幸运，我的工作不断地在证实我是个有点儿地位的人，一个有价值的人。然而，在米尔特去世以后的时光中，我也担心过我事业上的地位。

比如，我承诺过一个重要的晚间谈话节目。我打电话询问对方是否可以确定一个日期。“我得和制片人商量，”安排日程的人告诉我。“今天下午我会给你回电的。”

她没有给我回电。往常这不会让我在意。制片人常常改变主意。有的是别的节目可干。但是当时米尔特去世刚刚六个月，这让我非常烦恼。我想他们肯定不再需要我主持这个节目了，再没有人会要我主持节目了。我非常的沮丧和灰心丧气。

第二天早上，安排日程的人给我来了电话，给了我两个日子让我选择。她为没有早点儿给我打电话而道歉，她解释说制片人下午一直在开会，她直到早上才和他核对了日子。

我为什么会这么心神不安呢？放在一年以前，这样的情况我是毫不在意的。这就是我没有了安全感，对我以前的地位没有了把握。

在米尔特去世以后，我不曾想到自己会成为少数群体中的一员，而我却成了其中的一员。当一个女人离婚了，给人的一种感觉就是她失败了。而人们并不认为一个寡妇是个失败者，他们只把她看成没有他们幸福，因此他们就不那么尊敬她。结果常常是老朋友抛弃了寡妇，家人常常也不太关心她。

尽管米尔特和我以前常常去看望一个小圈子里的夫妇，在他去世以后，我就发现自己感到很别扭。就我个人而言，或许一部分是由于我的名人地位，以及他们对

我的友谊，我继续和他们来往，但是不那么频繁了。米尔特去世以后几个月的一个夜晚，我在书架中拼命地寻找一本书，我在大约二十年前读过，是康拉德·洛伦兹划时代的著作《论侵略》。

我寻找的是我模模糊糊记得的一段内容，描写的是米尔特去世以后生活对待我的态度。当我找到那本书时，我搜寻到了那段内容。

“自从一个鹅知道它的伙伴失踪以后，”洛伦兹写道，“它就失去了所有的勇气，甚至躲开那些老弱病残的鹅。由于这种情况迅速地在群体的所有成员中传播，孤独的鹅很快就沦落到等级的最低阶层。”

是的，这就是我所记得的语句，而这让我怒火中烧。在人类的等级制度中，寡妇是二等公民，除非她为此而奋斗。假如她不想沦落到“等级的最低阶层”，她就应该奋斗。要是她不那么做，强加到她身上的自卑感只会让她更加孤独。

我的愤怒成了我继续生活的激励。那天晚上，坐在书架旁边的地板上，我决心做一只孤独的鹅，我不允许自己“沉沦到等级的最低阶层”。

这是一个勇敢的决心，不过我并不能一直保持着这样的决心，但是一想到那只孤独的鹅不仅失去了勇气，而且失去了自己的伴侣，就给了我力量，不但要防止我的地位消失——社会地位或者事业地位，而且还要最终摆脱被动。我不想企盼着人们仍然把我纳入他们的生活，我要开始采取步骤把他们纳入我的生活。

比如（我承认，我敦促自己这么做是一年多以后），我邀请米尔特和我常常来往的两对夫妇星期天到农庄午餐。

这是快乐的一天。午饭后我们沿着围绕着农庄的肮脏小路散步，往溪流里扔着石子儿，赞美着邻居的牛群。那是一个轻松愉快的下午。我们有很多事情交流。我们分享着对米尔特的回忆，他是那么喜欢有关农庄的一切。有眼泪也有欢笑。这个聚会打破了冰层，我们现在的见面——不像以前那么经常，但是也不少。

其他的寡妇也证实了我关于社会隔离的经验。她们告诉我，那些结了婚的多年老朋友慢慢地疏远了。她们不再拿起电话说："杰克和我打算去看电影，你想不想一起去？"或者"要是你没有什么事情可干，星期天晚上为什么不来晚餐呢？"

"埃尔登的葬礼以后几周，我的电话就停止响铃了，"一位寡妇告诉我。"在他们眼里，好像我也去世了一样。我有一种被放逐的感觉。我理解这一点。他们害怕我偷

走她们的丈夫。但是我不喜欢这个念头，我憎恨这个念头。”

另一个寡妇告诉我：“我的老朋友开始像仆人一样对待我。冬天我丈夫去世了，有个女人就开始把她的两个孩子留给我过周末，这样她和她丈夫就可以去滑雪了。‘我知道你肯定很孤独，’她告诉我，好像她给了我什么恩惠一样。另一对夫妇开始在星期五晚上把婴儿放在我这里，自己去看电影。他们以为我在家里无事可干。当我明白了他们不打算让我进入他们的活动时，我勃然大怒，我不再让他们把我看成是个不花钱的保姆。

“而这些人都是我的朋友！”她感叹着说。

一个四十多岁风韵犹存的寡妇说：“凯文去世以后几个月，最不可思议的事情发生了。我最好朋友的丈夫有一天下班回家的路上路过我家，从此开始拜访我。在我丈夫活着的时候，他从来没有拜访过我。现在是什么让他觉得他可以这么做呢？或者以为我会很有兴趣？我很生气，并且让他知道了这一点。你知道他怎么说？他说：‘你应该感激涕零。’

“这说明，”她说，“我被当作了少数群体的一员——没有了男人的女人。在某种意义上，我并不在意。我有出色的女朋友，开朗、风趣、乐于助人。我总是有很好的女朋友。但是为什么我就该被结了婚的世界所抛弃呢？这让我怀疑他们是不是真的曾经是我的朋友了。”

一个寡妇不一定是个二等公民，但是假如她不掌握自己的生活，她就会成为二等公民。被动是她最糟糕的敌人。寡居生涯最初的几个月就是用地位进行攻击的门顶陷阱。寡妇永远不会知道下一次的攻击来自何方或者如何进行。她惟一的防范就是明白其危险性，因为“攻击者”常常扮演的是充满爱心的角色。

朋友和亲友开始待你就像孩子一样。他们不厌其烦地告诉你该干什么，该怎么干，好像你没有了处理自己生活的能力一样。也许你不知道你想干什么，或者你应该怎么干。你需要时间思考，调节适应你的新的环境。

给寡妇最明智的建议就是，至少在一年之内，不要在你的生活中作出任何改变，或者任何重大的决定。一个寡妇，当她面临要作出改变或重大决定时，比如搬家，当然不会有很充裕的时间。但是假如她做得到，只要原地不动的待上一年左右，直到她精神好转，那她就会应付得很好。

尽管我警告说不要仓促地作出决定，我必须承认，作为一个充分明白仓促决定是很危险的心理学家，我在

米尔特逝世以后几周就曾经犯过这样的错误，而且我几乎立刻就后悔了。幸运的是，这一幕有一个快乐的结局。

事情是这样的。米尔特有一台很大的农庄拖拉机，这曾是他生活中的骄傲。当迈克七、八岁的时候，米尔特教会了他如何开拖拉机，我最愉快的回忆之一就是我那小小的外孙坐在怪物似的拖拉机上，神气得不得了，而米尔特在一边走着照看着。

米尔特去世以后，我把拖拉机卖给了邻居，我以为从此不会再用它了。

几个月以后，我上了电视节目《活着——里吉斯和凯西·李》。里吉斯问我，有没有什么给寡妇们的建议，我说："别在你的生活中作出迅速的改变。等几个月，等一年。这样你就比较清楚地知道你希望什么和需要干什么了。"

"你作出过什么后悔的决定吗？"他问我。

"我卖了我丈夫的拖拉机，"我说，"我非常后悔。"

节目完了以后，他们告诉我有我一个电话。是我邻居打来的。她说："要是你愿意的话，你可以把拖拉机拿回去。"

我计划学习驾驶它，而且我知道，一旦我学会了，对米尔特的回忆就会在驾驶它的时候一直陪伴着我。

在葬礼以后，我面临着几乎立即就得作出的重大决定。丽莎和埃米尔敦促我去衣阿华和他们住在一起。

“我们有足够的房间，”丽莎说服我。“你可以有绝对的自由。”

“你可以从这儿出发旅行，就像在纽约一样方便，”埃米尔指出。

他们说的对。他们的房子很大，我们不会相互妨碍的。在某些方面，住在中部有很多优点，因为我的许多旅行就可以缩短了。

但是这不是我的房子或者我的生活。

丽莎和埃米尔热爱他们在达文波特的生活，但是我是个土生土长的纽约人。我没有把握我能适应，我也不知道自己是否希望适应。

我在公寓里非常自在。我的办公室和秘书都有足够的房间使用，而且到曼哈顿的电视台和广播电台的演播室只有几分钟的路。我无法在我女儿的家里复制出这些便利的条件。我也不能搬到离开农庄几千英里的地方去，那是我生活中一个非常重要的部分。

我感谢了他们，我说，虽然我非常爱他们，喜爱我的外孙，我觉得我还是维持目前现状为好。假如我搬进去，我无疑会失去我的独立自主——尽管我知道他们会

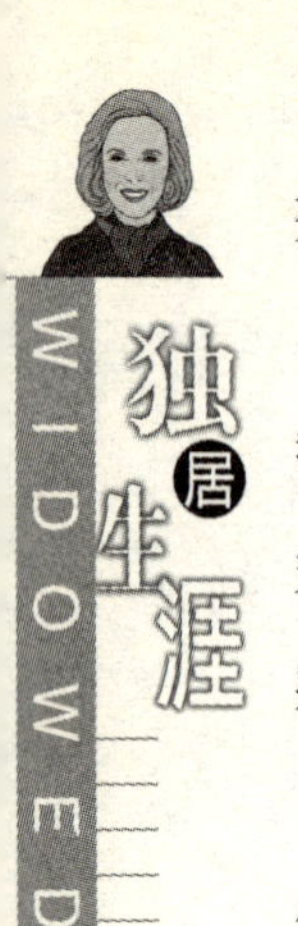

努力不来干扰我的生活。

我曾经被他们的建议所吸引过。每天能见到他们和我的外孙无疑是件乐事，但是我最近为专栏做的一项研究是关于消沉的症状，医生把它叫做“搬到靠近女儿的症状”。这项研究对我的决定起了一定的作用。

我知道有许多寡妇，特别是上了年纪的，孤独和他们不常见到他们的孩子和孙儿们没有多大关系，而是和见不到伙伴儿、朋友和熟人息息相关。搬过大半个国家，就是为了和女儿住得近一些的老年寡妇，会觉得非常孤独，因为没有什么是她所熟悉的——商店、图书馆、医生、牙医等等。她再也看不见她的老朋友，她常常觉得很难在新的社区结交新的朋友。

假如她搬去和女儿一起住，她的情形就更加糟糕了。她不仅离开了自己的家和朋友，她还失去了她的一部分身份。她不再管理家务，她开始感到自己像个多余的人，搬家非但没有得到她所期待的舒适，却是在紧张的压力上雪上加霜。

根据精神病学家托马斯·霍姆斯研制的生活变更等级，就是对重大的生活变更加上一个压力值，丧偶就是一个人生活中压力最大的事件。霍姆斯博士给它定的是一百个生活变更单位。再加上：

生活条件变更	二十五个单位
住所变更	二下个单位
社会活动变更	十八个单位
个人习惯改变	二十四个单位

这些变更，对一个从自己的家搬到和女儿一起住，或者靠近女儿住地的寡妇来说，情况都是一样的，加到了一百八十七个生活变更单位。假如她的经济状况也有变化，那就要另外加上三十八个单位——总数可观的二百二十五个生活变更单位。

在一年的时间里，两百个生活变更单位所表示的压力程度，超出了绝大多数人所能应付的程度。

霍姆斯博士建议，在这么大压力下的人应该寻求一个他所信任的精神病学家或治疗专家的帮助。

女人也应该明白，家庭有时对年老的寡妇是很粗暴无礼的，因为他们认为——有意识的或无意识的——她不像她丈夫活着的时候那么有权力、那么重要了。他们对待她不那么尊重，那么体贴了。我收到一封老年寡妇的来信，她的家庭正是这样对待她的，这封信让我落了泪。

“既然我成了寡妇，”她写道，“我的孩子们认为他们

可以对我为所欲为了。他们对待我就像一个孩子，或者一个微不足道的人。在他们的父亲活着的时候，他们从来没有这样对待过我。现在他们觉得他们可以主宰我的生活。这让我发疯，但是我对此却无能为力，我现在依靠他们生活。”

并不是所有的地位变更都是粗暴的或者让人怒气横生的。有些是不可避免的，或者说是总归要来的。我在米尔特去世以后的第一个感恩节就意识到，我在家庭中的地位经历了一个变化。我邀请了所有的人——十八个孩子和成年人——来过感恩节周末。随着时间的过去，我第一次意识到，我的家庭不再围绕着我转了。这是一种相当无意识的换班变化。

米尔特和我一直是家庭的中心，其他每个人都是辐条。没有了米尔特，我不再是核心了。现在丽莎和埃米尔成了中心，我是家庭的女家长；我成了一根辐条。我明白，从现在起，就会这样继续下去了。

这样的变更并没有什么恶意或者类似那样的性质。它是一种自然的演变。每个人都很关心我和我的感受，比如，那个周末正好是丽莎公公六十五岁生日，丽莎和埃米尔想让孩子们表演一个小节目作为生日礼物。但是他们非常体贴地事先来征求我的意见，惟恐会让我不快。他们担心，因为米尔特不在了，我会觉得不好受。

我真诚地告诉他们，我一点儿也不在意，一个成员的逝去，不管是多么亲爱的人，都不应该意味着这个家庭从此就不再拥有欢乐。

同时，我不由自主忿忿地想到，生活真是太不公平了。为什么别人的生活都在继续着，而我的生活，就该这样停止了呢？但是我只把这个想法埋在自己的心底，它不能妨碍我欣赏我的外孙为他们的爷爷所上演的节目。

或许只有寡妇才能理解，地位的丧失是如何增强了孤独和激起愤怒的。我前面写过，寡妇常常会成为一个令人不快的人，这不奇怪。只有圣人才能镇静坦然地接受她所热爱的人和她那心满意足生活的逝去。回想起来，我为自己常常体验到的痛苦和愤恨感到震惊。我并不是为这些感情骄傲，但是我曾经经历过，直到我从身上摆脱了它们，我才能振作精神重新开始生活。

10 孤独

孤独和独身一人无关。

我整天和人们待在一起。我微笑着，和正常的人没有什么两样——然而，我觉得我是在野外徘徊。我会在演讲以后和人们交往，招待客人，回答问题，但是内心深处我却孤独得颤抖。我会出现在喧闹的售书签字仪式上，人们围在我的脖子后呼吸，但是我却感到在世界上只有我孤身一人。我会在电视节目上讲话，但却觉得非常孤独，不得不强忍住眼泪。

我的愤怒最后消逝了，但是我的孤独呢……啊，这是另一种情感。

我开始觉得，我就像一个罪犯被判入狱一样，被判进行孤独的服役。而且我不知道我是否能够有刑满释放的一天。

米尔特去世半年了，我的孤独有增无减，我觉得它正在吞食我的生命。

孤独和独身一人无关。

我整天和人们待在一起。我微笑着，和正常的人没有什么两样——然而，我觉得我是在野外徘徊。我会在演讲以后和人们交往，招待客人，回答问题，但是内心深处我却孤独得颤抖。我会出现在喧闹的售书签字仪式上，人们围在我的脖子后呼吸，但是我却感到在世界上只有我孤身一人。我会在电视节目上讲话，但却觉得非常孤独，不得不强忍住眼泪。

我的眼泪常常是一触即发。第一年我最孤独的时刻，是当我的飞机从洛杉矶或者芝加哥飞到纽约降落的时候。当飞机盘旋时，我从窗外望出去，一看见下面所有的小房子就会想到，几乎这些房子里的每一个人都在等待家人归来，她可以向之诉说白天所发生的一切的人，诉说她的喜悦和忧虑的人。

而我却没有。我回家是一个空荡荡的公寓，随着飞机落地，我眼中就会溢满泪水，怎么也抑制不住的泪水。

回到空荡荡的家很不是滋味。我打开门，开了灯。房

间里安安静静的。电视没开，音乐不响。没有人在打电话，没有人热烈拥抱我、亲吻我归家。

我查看应答机里的信息，即使是机器里的声音也是无比欢迎的。我会给自己弄点儿吃的。我从来不耐烦在餐桌上为我自己摆上餐具。我就站在厨房的水池边上吃东西。毫不奇怪，我瘦了下来。

当人们说我瘦了时，我告诉他们，我发现了一个新的食疗方法——悲痛食疗，这会立即丧失胃口。绝大部分时间，我根本不在意我是不是吃饭。然而，有时我吃起来像个小猪。

米尔特去世以后不久，我热衷于购买牛排。我以前从来不买牛排，因为米尔特不喜欢。现在没有理由不买了，因此我开始每周烹调牛排三到四次。但是终于有一个晚上，我再也不想看见牛排了。

我看着我刚从冰箱里取出来的牛排说——就像米尔特在旁边一样："你是对的，我也不喜欢牛排。"

有好几个月，当我旅行回来时，有几个晚上我竟然期待着走进公寓时会发现他在那里。

我知道他不会在那里，但是总是有那小小的、疯狂的瞬间希望以为他会在那里。

我与之交谈过的每个寡妇几乎都承认有类似的期

待。一个女人告诉我，一天下午她在吹头发时，非常强烈地感觉到她丈夫正在走进理发店。他在他们的整个婚姻生活中从来没有到那儿去过，但是那天她相信，他会在每一分钟里走进门来。

有些寡妇闻到了熟悉的气味——她们丈夫身上的烟味或者汗味。有一个报告说，一个星期天的下午，她坐在沙发上，忽然闻到了她丈夫剃须液的味道。香味很强烈，她抬起头来，满怀希望能在身边发现他。

有一半以上的人都经历过幻觉。

她们坚信她们见到了自己的丈夫。当公共汽车开过的时候，她们看见他在便道上行走。

她们在超级市场的付款台前发现了他，或者在加油站看见了他。

当然，当她们试图赶上他时，他消失了。

这些幻觉是完全正常的。

“没有人喜欢谈起这些幻觉，”罗伯特·奥斯特罗夫博士，耶鲁的精神病临床教授这样说，“因为她们认为发生这样的情况她们是在发疯。但是这只不过是正常悲痛反应的一部分。”

在米尔特去世以后的头几个月里，我每周常常在梦

里梦见他好几次。这些梦是如此的真实，就好像他和我在一起一样。在梦里，他总是对我生气，就像他生命中最后几个月的情况一样，但是我不在意。我真高兴他出现在梦里。当我醒来时，就好像又被重新抛弃了似的，我比以前更加感到孤独。

夜晚非常孤独难熬。入睡真是一件难事。有几个夜晚，我躺在床上呆呆地盯着漆黑的夜空，眼睁睁地迎来了黎明的曙光。有的夜晚我则会立即入睡，醒来时会晚好几个小时，而且以后几个晚上就再也难以入睡。

我在床头柜上为不眠之夜准备了好几本书。我读了纽约时报上所列的小说畅销书，后来又读非小说类作品。我非常热切地想念着米尔特，我的大脑开始欺骗我。当我在床上读书时，会突然闪过让我兴奋的一件事或者一个想法，自然而然地要和他分享——而后我又一次意识到，他再也不能和我一起分享了。每次发生这样的情况，孤独就会使我的心颤抖，就像寒流让你的身体颤抖一样。

周末和纪念日是最难受的日子。没有人警告过寡妇，这些日子的孤独和消沉是多么的可怕。我常常畏惧假日、每个星期六和星期天、以及每个纪念日。我无法抵御在这些日子里侵略我的孤独。每个日子都会提醒我，我的损失是多么的惨重，我的生活改变是多么的巨大。

我的周末非常空虚，所以一旦有机会让我在星期六或者星期天去做一个演讲，或者到电台或电视台演播，我都迫不及待地前往。有的周末简直是个炼狱，是必须忍受的惩罚。直到我开始写这本书，把周末都消磨在城里的书桌前，情况才有些好转。

我希望把我的悲痛写在纸上能够对我有所裨益。而情况的确如此。

写书强迫我面对我的感觉，让我明白了，实际上成百万的妇女都经历了相同的历程，并且都挺过来了。

我吃惊地发现，我在最初的几个月里是多么的以自我为中心，是多么的一心一意，我的以自我为中心使得我没有意识到丽莎那凄哀的感觉。她深爱着她的父亲，他的逝去对她无疑是个地震。我也没有意识到，米尔特办公室是护士是多么的悲伤。她和他共事多年，我们把她看成是家庭的一员。丽莎和护士都是一直支持我，安慰我的。我希望现在我也能给她们以支持和安慰。

人们往往忽视了这个事实，并不是只有寡妇在痛苦，每个失去了自己热爱的人都很痛苦。

写书还帮助我明白了，并且让我感到非常惊奇的是，我的悲痛在消逝。我真不敢相信，我的伤心、我的消沉、我的恐惧、我的愤怒、我的孤独，随着一个月一个月时光的流逝，在慢慢的减少。它们并没有完全消失，但是我在恢复。我知道这一点。没有这本书的铺叙，我想我不会明白这一点。

第一年的周末是最难过的，纪念日和假日就更难受了。米尔特和我一直是非常情感化的人。即使结婚近四十年了，我们仍然庆祝每一个小纪念日，每一个假日。我们相互赠送傻里傻气的礼物，我们外出吃饭，我们像孩子一样的傻气。我们喜欢一起度过的每一刻时光。

米尔特葬礼以后大约一个月正好是情人节，那真让人心碎。那时，我才真正地意识到，我的枕头边永远不会再有情人卡了，永远不会再有傻里傻气的情人节的礼物了。实际上有个礼物，但是我还没有勇气去打开它。

礼物是在米尔特去世以后收到的。

任何人都不会觉得它傻气，但是对我来说，却是一件可爱的傻气的礼物。米尔特常常拿来嘲笑我的一件事是，从来没有人邀请我出席过塔珀家用塑料制品的聚会。他的母亲被邀请参加过塔珀家用塑料制品的聚会，他的姐姐被邀请参加过塔珀家用塑料制品的聚会，我姐姐被邀请过参加塔珀家用塑料制品的聚会。但是就是没有人来请我参加过塔珀家用塑料制品的聚会。因此，每当提到有关流行的题目时，米尔特就会说：“你知道什么是流行吗？你甚至连塔珀家用塑料制品的聚会都没参加过。”

他那最后的傻里傻气的礼物就是塔珀家用塑料制品。我知道包里装的是什么，因为在他死后，我在他床头柜的抽屉里发现了塔珀家用塑料制品的定货单，以及定货的记录。那是一套折叠的塑料容器，就像手风琴一样。当你使用储存在里面的面粉、大米、或者其它什么东西时，你只要按一下容器的盖子就行。

有一个情人节他送我一个上发条的老鼠，洋洋得意地玩着一片奶酪和饮料。我们的农庄里老鼠成灾，米尔特常说，既然看来我们摆脱不了它们，我们应该假装它们是小宠物，是逗人喜爱的。因此他送给了我这个礼物。

有一天我在书桌上发现了它，给它上了发条，看着它奔跑。那是他去世以来我第一次能做这件事。

但是那第一个情人节真是令人悲痛欲绝。更加让人难受的是因为我知道米尔特一直在想着我，塔珀的盒子我藏在客厅柜子里的架子上，那是最后一个傻里傻气的礼物。

米尔特和我甚至互相扮演复活节的兔子。这是一个我们俩人深藏的秘密。你怎么能告诉别人，复活节的兔子给你带来了礼物呢？

他死后的第一个复活节，我出去在复活节的兔子手里给自己买了一个礼物。那是一个陶瓷的小罐，盖子上是一个大灰狼。狼戴着一副老奶奶的金丝眼镜，还是可以移动的。它非常可爱和有趣。我把茶叶放在里面。

但是这没有用，这并不是一个真正的礼物。它只是强调了米尔特不再给我礼物的事实；它让我感到更加孤独。

七月四日就更加糟糕了。它正好是三十九周年的结婚纪念日。

我独自一人在床上发着高烧，感冒了。我感觉很不好，祈祷着自己快死吧。要是我死了，我狂热地想着，我就能和米尔特在一起了。也许来世情况就不是这样的了，至少我不再是个寡妇，在结婚纪念日躺在床上生病。我这么痛苦真是太不公平了。我真的是差不多衰弱得要死了，但是我的身体却没有。几天以后，我的热度退了，我好转了。我还有点儿摇摇晃晃，看上去有点儿怕人，我不知道没有了米尔特我还怎么活下去，但是显然，我还是得活下去。

一、两周以后，我想起了灯架。三十七周年结婚纪念日以后的一个星期天，我们把在库房里找到的两个旧的牛轭架送到一个农庄附近刚刚开张的小店里。我们请店里的女主人看看，能否把它们做成一个枝形灯架。他们热情地为这个想法出谋划策，设计了一个我们俩都很喜欢的样子。我们在那里花了很长时间挑选灯泡，讨论最好的通电方式。

我们开车离开后，对店里的人的热情、对定制我们牛轭架枝形吊灯细节的兴趣感到满意。

那个星期天下午是我们在一起感到非常有趣的最后一次。当我们回到城里时，米尔特就住进了医院，探查尿里的血液是怎么回事，他们发现了恶性息肉。从那时起，我们的生活就被癌症给毒害了。

那个八月的一天，我接到通知，说是枝形吊灯已经做好了，但是我没法把米尔特一个人留下而自己开车出城去取灯。每隔几个月，他们就通知我一次，说枝形吊灯在等着我们。但是我总是去不了，我无法面对那个愉快的回忆。

最后——两年以后——我从感冒中恢复过来以后，我去把它取了回来。我走进商店站在那里时，眼泪夺眶而出。我真为我的眼泪感到难为情。我担心其他的顾客

会以为我歇斯底里的哭泣是因为我为枝形吊灯高兴。所以我试着向每一个人解释，我喜欢枝形吊灯，但是这并不是我哭泣的原因。天知道他们会怎么想。

枝形吊灯现在农庄里，但是我仍然没有去找人替我把它挂起来。人们总是拖延令人痛苦的事情。

感恩节到来时，我比较聪明些了。我知道了人在这些特别的日子里会感到格外孤独，那会让你想起生活中所有逝去的时光。这次我事先计划好，让自己过得轻松些。

我邀请了全家来过这四天的感恩节周末。一共有十九个人。

正是那个周末，我发现了气垫。农庄里有五个卧室，但是床不够用。所以我给孩子们准备了气垫。他们喜欢晚上给它们打气，然后早上放气这项工作，这样气垫卷起来就不会碍事了。

整个周末热闹非凡，吵吵嚷嚷的，但是每个人都过得跟愉快，尽管没有人忘记这是米尔特不在我们所过的第一个感恩节，我们也不想忘记这一点。我们老是在谈论他。丽莎说起，当每次只有我们三个人过节时，他总是坚持我们准备感恩节的每一道传统菜，从奶油洋葱到萝卜，从板栗馅儿和酸果蔓酱到三种不同的馅饼——以及烤箱里所能够放得下的最大的火鸡。我们一直吃剩菜吃得看到它们就腻味。

孩子们喜欢这样的故事。

埃米尔则说起，他看到米尔特以外科的娴熟技术来切火鸡时的敬畏心情。回忆既苦涩又甜蜜，但是并没有眼泪。也不是绝对没有，只是有几次眼泪盈满了眼眶而被很快地拭去了。

我有自己特殊的回忆，这只是留给我自己的。这种残酷的回忆很难和人分享。一年以前，米尔特和我根本没有想到要庆祝感恩节。他那时心思不在那上面，止疼药片搞得他精神失常。那是一段可怕的日子。我记得，当我们找到凯瑟林·福利医生，调整了他的药物，使他再也不曾幻觉和疯狂时，我们是多么的感激。

那个星期天他们都走了以后，我大大地松了一口气。一直是那么的紧张和忙乱，那么多的事情，那么多的人同时在说话，那么多的孩子在碍手碍脚，那么多的骚乱和兴奋，而这是自米尔特去世以后，我第一次感到我很高兴自己独自一人。

事先作好计划，置身于人群之中，是治疗节日阴影的良方。我忙于烹调和接待客人，我的悲痛被置于脑后了。

真正糟糕的纪念日是一月九日，米尔特逝世的周年。

置身于家人中不会有任何帮助。我对自己说，我不打算把时间花在悲痛的漩涡中。我得想方设法度过这一天。我尽可能地把时间排得满满的，这样我就会忙得甚至没有那时间去想。

我和医生约好进行身体检查。然后我冲到城里的华尔街地区参加一个商业会议，过后回到NBC做我的广播节目。我途中到出版商那里停留了一下，讨论这本书写作的进展情况。晚上，我又回到NBC做另一个广播节目。

但是当我晚上回到家里时，我最终还是得面对我那伤心欲绝的痛苦。

那是无法逃避的。

一年另一天前的现在，我在米尔特的床边坐了几个小时，握着他的手，和他谈论我们的生活，谈论着他对我意味着什么。

那是我们最后的诀别。他在黎明之前去世了。

我忍了一天的眼泪再也控制不住了，我扑在床上哭了起来。之后我起来准备睡觉。我洗了个澡，在哭红的眼睛里滴了眼药水，然后上床又哭了一会儿。

这太让人难以忍受了，我真的以为我的心要碎了。

能走出愁城吗

作为心理学家，我清楚地知道，假如一个人哀悼一个非常亲密的丈夫，加入一个小组不会让他复生，或者填满生活的空虚。

但是它能在其它方面帮助你。

我也许能在这些女人中找到一个好朋友。

你呆在家里看电视是结交不上朋友的。

"她心碎而死，"我还记得我的奶奶说过，她的一个邻居在她丈夫去世以后几周就死了。我那时只有八、九岁，大概那时这个故事让我觉得浪漫极了。

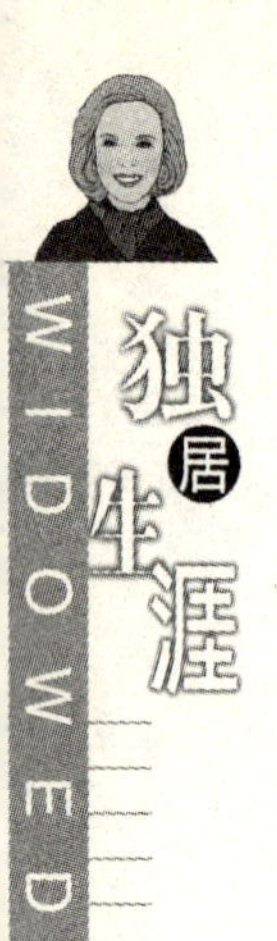

米尔特去世以后，我开始觉得，这可能是真实的。

我的心也碎了，有时我真的觉得我会因为孤独而死。

有两种孤独——个人的孤独和社会的孤独。个人的孤独是由于失去一个重要的和亲爱的人而引起的。社会孤独是由于切断了以前所有的一组亲密关系而造成的。大多数寡妇都有这两种孤独。其结果就是威廉姆·A·萨德勒博士——美国生活孤独方面的权威——称之为的“无可排遣的综合孤独”。而这是能置人于死地的。

人会死于心碎。乔治·恩格尔花了六年的时间进行研究，检查了一百七十个突然死亡的案例，证实了这并不仅仅是一个浪漫的民间传说。他发现，绝大多数的突然死亡有七种类型，其中有四种是和丧偶或者失去孩子或者爱人或者一些非常亲密的人有关。这些类型是：

1、几乎是在亲密的人去世以后立即突然死亡的。

2、亲密的人去世以后几个小时内死亡。

3、在亲密的人去世周年或接近周年的时候死亡。

4、在失去地位或者自尊时的突然死亡，绝大多数寡妇在丈夫去世以后都有这样的经历。

（其它类型的死亡和丧亲及孤独无关，是个人危险环境中的突然死亡，当危险过去时的突然死亡，在巨大的喜悦或成功时的突然死亡。）

恩格尔博士调查的大多数死亡是由于心脏病造成的，尽管有些——但决不是所有——受害者有心脏病史。恩格尔博士的结论是，无可辩驳的事实证明，有些人的确是死于心碎。有意思的是，冠心病的死亡率在二十五岁至三十四岁的寡妇中，是同样年龄组已婚妇女的五倍。

尽管在米尔特去世以后的第一年里，有很多时候我觉得自己好像在步入死亡，但是我活过来了，我没有心脏病，没有大病，但是我以往那健康良好的状况抛弃了我，葬礼以后，我先是头疼，后来胸疼，最后咳嗽了好几个月。当我刚刚恢复过来时，我又患了流感。流感好了，我又是一系列的小病，接连不断。

我做了一次身体检查，医生说我没有什么毛病，我得的只是急性孤独症。

而医生对此是无能为力的。

我的孤独使得我复习了孤独心理学的文献。罗伯

特·韦斯博士的论断让我十分吃惊，他是一个社会学家，一直有孤独研究之父的美称。

“孤独是渴求一个感情伙伴，”他写道，“是基于这样一个信念，就是世界上没有了值得再爱、再关心的人。这是人际关系特别空虚的症状，就像坏血病是营养特别缺乏的症状一样。”

他简直写的就是我。我确实感到，在我的生活中再也不会有什么人能使我爱他、尊敬他，就像我爱米尔特和尊敬米尔特一样了。

毫无疑问，我所遭受的正是“人际关系的空虚”。

我没有了丈夫，我没有亲密的朋友。在我生活中破天荒第一次，我想要有亲密的朋友。理论上我认识成百上千的人，尽管许多人我很喜欢，但我没有真正的朋友。这听起来很奇怪，但是真正的友谊需要承诺，要投入时间和关心，而我的整个生活中，我一直工作得非常努力，我永远没有时间为友谊而投入时间。

我在这方面就和我母亲一样。我母亲是个律师，从她和我父亲结了婚一直到他去世，她一直和他一起在律师事务所工作，她是一个聪明漂亮的女人。人们都很喜欢她，但是她没有亲密的朋友。她的丈夫，她的女儿，她的家庭，她的工作，占据了她的生活。她没有时间干其它任何事情。

当米尔特和我结婚时，我落入了同样的格式之中。米尔特是我最好的朋友。我不再需要更多的了。但是现在我真希望我以前能为友谊拨出点儿时间来。我渴望着有一两个亲密的朋友，我可以和他们谈谈米尔特，说我是多么的想念他，我想和他们分享我的一部分生活，谈论我的问题，那些能够为我的成功而高兴的朋友。而反过来，我也能成为他们生活的一部分，分享他们的快乐和忧愁。但是我没有。而这更增加了我的孤独。

我有我的家庭，我不知道我没有了他们的支持我会怎么样，特别是丽莎的支持。但是我越来越相信研究结果所揭示的，丧偶的压力要比失去孩子的压力大，这是绝对正确的。

假如你失去的是孩子，你的丈夫会分享你的悲痛，你们俩会互相安慰，你并不孤单。

假如你失去的是丈夫，你的孩子们在感情上会像你一样的悲痛，但是他们的悲痛程度是不一样的。

他们失去的是父亲；你失去的是丈夫。

假如你的孩子们还小，你必须支持他们，安慰他们。

他们不能分担你的悲痛或安慰你。假如你的孩子们已经成人了，他们能分担你一定程度的悲痛，他们能安慰你，但是正如我在自己女儿身上所发现的。

但分担和安慰是有限的。他们有自己的生活和义务。

丽莎在我最需要她的时候一直和我在一起。她是惟一能够真正分担我的悲痛的人，而那就是无穷的慰籍。

但是她有丈夫和四个孩子，有一个家要操持，有一个开业的业务要照料，有病人要看——而她住在一千英里以外。我不能指望她来减轻我的孤独。

而且这也不公平。不仅是她有个新生的婴儿，她还有她自己的悲痛，她为失去自己深爱的父亲而悲痛万分。她生活中的压力就够大的了。

米尔特去世以后，一个寡妇组织善意的邀请我加入。她们告诉我，她们在一起分享悲伤和经历是多么的有益，她们发现，和其他寡妇在一起感到很安慰。

在我悲痛的那个阶段，加入一个寡妇组就像接受孤独的鹅的角色一样。我无法想象和陌生人一起分享我的悲痛和对米尔特的回忆。我觉得，要是我向一组寡妇来重述我的感觉，我就会陷入以前那种绝望的状态，就像唱针在一张旧唱片上划动一样。

我犹豫还有一个原因。作为名人有它的优点，但也有危险。根据我的经验，作为乔伊斯·布拉泽斯博士的一个危险之一，就是和陌生人讨论私事是不明智的，不管他们是多么的同情或理解。

我不可能像在这本书里那样，和一组我不认识的妇女坦率的谈论我的痛苦和各种表现。使用黑白分明的语句，描述每一种情感和情形。在书里我说得清清楚楚，不会有误解。

但是在向我不认识的人公开表露情感和经历的场合，常常会出现这样的情况，在超级市场的小报上，我会发现有我名字的大幅标题：**乔伊斯·布拉泽斯博士梦见丈夫的幽灵是愤怒。**

类似这样的事情，这在事业上和感情上都是很危险的。

然而有时我觉得我应该接受她们的邀请，如果没有接受不是这个，就接受别的。有许多夜晚，我很早就上床看电视。这让我从孤独中解脱出来，但是这只是暂时的解脱——几个小时的分心，没有别的。

要是我能用我的夜晚来干些别的事情，情况可能就会好得多——注册参加一个学习计算机、法语、十八世纪英国文学的班，加入一个锻炼班，找一个钢琴老师（我以前弹钢琴很有才气），做些事情，任何事情，和人们一起分享我的兴趣。

但是这一切好像都要付出极大的努力。上床看电视要容易得多。我常常告诉自己，看电视很重要，要跟踪那些在节目上露面的人等等。实际上，尽管我常常跟踪新的电视节目和名人，但并没有每天晚上在电视的屏幕前一直呆到节目完了。

现在我明白了，尽管我想要朋友，我根本是把自己和朋友隔绝开来了。我没有准备和他们交往。每个寡妇都有自己悲痛的时间表，而我仍然涣散到难以振奋起自己的精力。

作为心理学家，我清楚地知道，假如一个人哀悼一个非常亲密的丈夫，加入一个小组不会让他复生，或者填满生活的空虚。但是它能在其它方面帮助你。我也许能在这些女人中找到一个好朋友。

你呆在家里看电视是结交不上朋友的。

但是，正如我说过的，我把自己封锁起来了。我在开头几个月很瞧不起寡妇。我不想和寡妇发生任何关系。我一想到作为一个“职业寡妇”这个念头——就是说，妇女的主要身份就是寡妇——就会发抖。我痛恨社会的歧视，把寡妇归于二等公民。

实际上，在我头几个月的寡妇生涯中，我自己就歧视寡妇。我觉得自己是与众不同的。

但是这种态度改变了。一点儿一点儿的，我在某种程度上成了“职业寡妇”，而我自己甚至没有意识到这一点。我在电视上和无线电台讨论我的寡居生涯，我演讲丧亲和孤独，我在公众面前落了不少眼泪。

而且我发现了寡妇世界。

在这个国家里，大约有一千二百万个寡妇。很难相信有这么多的女人和我一样走过了这样的路程，或者和你谈论同你一样经受过的悲伤苦难。当你第一次看到，一个你觉得相当能干和镇静的女人，回忆起她那去世五年的丈夫而潸然泪下时，你明白了你不是个例外。

这就像一个大俱乐部中的一员。我们都经历过相同的从头至尾的过程——丧亲、震惊、悲伤、孤独。真的，知道你不是特别的、惟一的例外，知道别的妇女也感受到过失落和无助，知道别的妇女也和她们死去的丈夫谈过话，别的妇女也觉得生活没有给她们什么，别的妇女

也觉得她们永远也不会从悲痛中恢复过来了，是很有帮助的。

而当你令人难以置信地发现其他寡妇知道你需要什么时，你知道了你并不孤单。一天早上，我坐在比佛利山咖啡店时，觉得孤独无助，凄凉万分。这时有两个看过我 KCBS 节目的妇女走了过来："我们能拥抱你一下吗？"她们也是寡妇。拥抱正是那天早上我所需要的东西。

几乎在我还没有意识到的时候，孤独开始消逝了。有时有一两天，有时一周，生活很欢快。然后没有什么原因，它却变的比以前更坏。但是终于有一天，欢快多于沉闷了。我仍然哭泣，我仍然孤独，我仍然非常想念米尔特。但是生活似乎不再那么黑暗了。仍然有几小时、几天、甚至几周，我为孤独而感到痛苦，但是这不是以前那种冰冷的、撕心裂肺般的孤独了。

时间帮助我减轻了孤独。我不赞同那种"时间可以治疗一切伤口"的说法，但是时光的无情流逝，生活浪潮的前进是很有帮助的。然而，我和孤独斗争的最有力的武器是米尔特曾经对我说过的话。我真不明白我怎么会忘了它，直到米尔特逝世一年以后我才猛然想起，他在我父亲去世的时候是怎么安慰我的。

“他没有离开你，”米尔特说。“我相信这一点，即使是死亡，死去的人还是家庭的一员。我相信孩子们会携带一部分父母的灵魂和意识。我相信丈夫和妻子也是相互的一部分。”

我躺在床上想着他所说的话，我知道他是对的。

米尔特是我的一部分，假如他是我的一部分，我怎么会孤独呢？我无法告诉你这个回忆对我是多么的宝贵。我并不是说，在一天里我就从孤独走向了快乐，但是从那时起，一切开始慢慢地好转了。

12 你还失去了什么

我有许许多多这种来自寡妇的信件，有年轻的、有年长的，她们发现自己有着同样的或更加糟糕的经济问题。金钱——缺少它——常常是寡妇最大的问题。这会使她的新生活的每一个痛苦方面都恶化了。

每一个支柱都立刻从她身下给抽走了。

她失去了丈夫和她的生活方式——常常还有她的家。

我并不是一个胆小的女人，但是在米尔特去世以后，我一直认为充满了希望的世界忽然之间变得危机重重。我有许许多多的恐惧——有的是想象，有的是真实的。

大部分现在都被我甩向了身后，但是有的时候，我仍然感到失落和害怕。

有些不安是由于微不足道的小事——混乱和不愉快而造成的，但并不是什么重要的事情。造成这样的混乱是由于烦恼、无能为力的感觉、内心抗拒成为寡妇的新角色、以及自己得为一切负责而引起的。

除了这些小小的、不引人注意的担忧和不安全感以外，我还为钱而担心，荒谬地以为，现在米尔特去世了，我的外孙会从我的生活中消失，此外，我极其担心我的人身安全。这些恐惧使我的整个生活黯然失色。

我曾经说过，当我姐姐问我如何把热水加热器打开时，我不由得泪流满面，我不知道怎么开，因为这总是米尔特做的事。绝大多数的不安全感是和米尔特一直干的事情有关系，我担心自己无法应付它们。从我是个小女孩的时候起，我就一直为自己的能干和做事利落而感到骄傲。现在我老是担心我什么事情都干不好。

米尔特一直负责处理我们的保险和纳税。现在我不得不自己来熟悉这些事情，并且支付医生和医院的账单，保险表格，葬礼支出的账单在米尔特死后六个月后也源源不断的涌来。

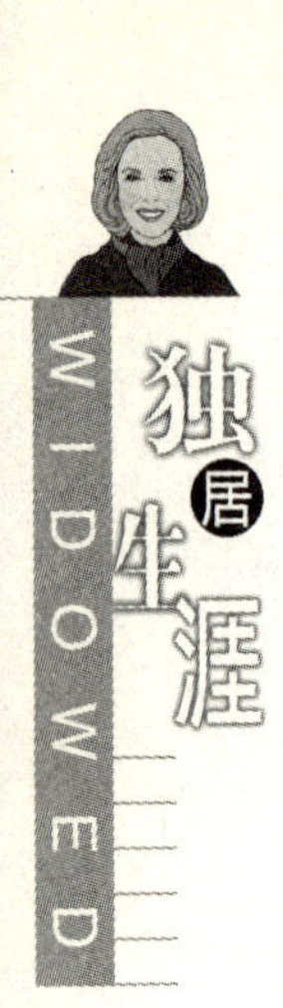

我发现这些事情让我胆怯。不仅是因为它们难懂，它们还激起了我对米尔特那生动的回忆，他病重和临终时的情形。

我在做这些事情时常常被眼泪模糊了双眼。有时很晚我会从工作了好几小时的书桌前站起来，桌上的文件堆积如山，我在房间踱步，一边哭一边对自己说，我永远也干不了这些事。

永远！永远！

有意思的是，我在自己的工作中没有类似的问题。我能分析出书的合同，谈判电台和电视合同，计算我的业务开支，处理我小办公室的账单，以及其它所有的一切——出奇的镇静和能干。

只有当我处理米尔特以前一直经管的事情，以及和他生病与死亡有关的文件时，我才显得十分无能。

但是这只是暂时的无能。这类事情，正如我所说的，只是一部分微不足道的小事。

真正让我不安的——并且为之失眠的——是我的经济情况。

米尔特去世以后几个月，我卖了我的汽车，开始开他的红跑车。这是一个严重的错误。不仅是我抛弃了我那性能良好、得心应手的汽车，而且米尔特的车对我来说马力太大了。尽管如此，我还是使用它，因为我觉得，我坐在方向盘后面时，就好像他在我身边一样。一直过了一年，我终于明白了我是多么的傻气。我卖了它，另外买了一辆马力小、且比较便宜的车，但是在经济上我觉得比较安全。

还不止是不安全感。我觉得自己穷。我老是担心钱的问题。我常常自己晚上坐在床上写下自己的支出和收入，确保自己有足够的钱生活下去。

假如我失去了一次电视节目或者取消了一次演讲，我马上就会想到钱和地位的损失。我担心这就意味着我事业的结束。即使在理智上我知道这不是真的，但在感情上，我看到自己正在贫民窟里挨饿。

我一生中从来没有担心过金钱的问题，即使是在我们婚姻的初期也是如此，那时我们根本没有把握，花生奶油是否能维持到发薪的日期。在米尔特开创了自己的业务，我开始了自己的事业时，我们从此就没有任何金钱上的问题。实际上。我们从来没有吃光用尽过。我们没有什么昂贵的花费，在我们这种经济收入的阶层中，我们的生活是中等水平的。我们最奢侈的就是农庄了，但是我们觉得这是一种投资，丽莎和埃米尔及他们的孩

子，以及孩子的孩子一直可以享用下去。

我很幸运，过去的年代里能够积攒下足够的钱——防止一些可怕的世界性的灾难——我将会有足够的钱舒舒服服地生活下去。假如我决定从明天起我再也不接受任何工作——再也不演讲，再也不写书，再也不主持电视节目，再也不接受咨询项目——我也能设法活得很好。

而且我知道这一点。但是这并没有让我停止担心。我担心我经济状况的每一个方面。我担心是因为我知道有一句老话“两个人过日子和一个人过日子一样便宜”，这句话要比我所想到的更加真实。或者，换句话说，我知道了一个人的花费几乎和两个人一样多。现在我一个人的支出并没有减少很多。我食品买的少了，但是整个房屋的支出还是一样的。不同的是，现在我得从自己的收入中支付所有的费用。

尽管我的收入足以支付，我还是很担心。

我决定我得削减支出，最明智的做法就是出售公寓。这个公寓一个人住实在太大了，我对自己说。我应该搬到一个比较小的地方去，这样维持下来就比较便宜。我没有想一想，我的办公室已经装满了文件，并且已经溢出到客房里去了。我也没有考虑，假如我搬到一个小小的、一个卧室的公寓里，我的秘书将在什么地方办公。我所思考的一切就是省钱。

幸运的是，有几个月我一直忙着那些文字材料，也没有定下心来着手进行，当我终于有了喘口气的空档时，我很高兴我没有着手出售公寓的行动。这是家，是米尔特和我住了好几年的家。每个房间里都充满了美好的回忆。住在这里在情感上是很有意义的（这正是为什么寡妇至少在丈夫去世一年之内不应该作出重大决定的例子。假如我把公寓卖了，我会非常后悔的）。

作为一个心理学家，我明白我被不安全感在驱使着。我必须确保，要是我没有一个爱我和关心我的丈夫，我知道我至少得有钱来关心自己。仅仅知道自己在经济上是安全的是不够的。我不断地向自己再三证实着这一点，制订我的列表，计算收入和支出，一直到我觉得适应了没有了米尔特的生活时为止，这时我才开始有了安全感。

然而有些经济问题是和严酷的现实有关的。我发现有些人是多么的迫不及待地想欺骗独身女人。

我第一次遭遇一个不择手段的人是我盥洗室的软水器坏了。我给水管工打电话。他磨磨蹭蹭地检查完以后，摇了摇头，最后告诉我说要大修。他开口就要一千

五百美元。这比我们买这个系统的时候还要贵。我告诉他我会和他联系的。

他走了以后，我给制造软水器的公司打电话。他们派了一个人来检查。他立刻就发现了问题，就是要换一个新的零件，他马上就修好了。总共多少钱？五十美元！

当我对另一个寡妇提起这件事时，她告诉我，但凡她要对房屋、院子或者汽车询价时，她总是说："今天晚上我丈夫回家时我得问问他。"而她"丈夫"几乎总是说这个价钱太高了。

"我让他听上去像是一个斤斤计较的家伙，"她说，"这总能让我省不少钱。"

另一个女人告诉我，她在修理费或者新电器超过一百美元时，就用价询三家来保护自己。"一百美元以下的差别不大，但是超过一百美元……！嘿，那就是整个一场球赛了。一旦我有了报价，我就告诉他们，我得让我哥哥看一看。我没有什么哥哥，你知道。然后我给他们打电话，说是我哥哥告诉我说，他们的报价太高了。他们通常会减掉百分之十或二十。"

年轻的妇女可能会觉得这些问题比较容易应付，不必去给想象中的男人打电话，但是许多寡妇以前从来没有处理过这样的事情。总是由她们的丈夫来应付。

现在她们觉得不安全了——在许多情况下的确是有原因的。

不管我的感觉是多么不好，我没有真正的金钱问题，但是对于绝大多数的寡妇来说，经济上的不安全感是个非常真实的问题。一个妻子很有可能在某一天成为寡妇（六十五岁的女人百分之六十五以上是寡妇），社会学家海伦·洛帕塔把寡居生涯称为“妻子角色的最后一个阶段”。

而那个最后阶段的妻子常常是穷困潦倒的。有三分之一以上由妇女当家的美国家庭（寡居的、离婚的、或者单身的）是处于贫困线以下的。有人会看到光明的一面，说几乎有三分之二的家庭在贫困线以上，但是人们会问，超过贫困线多少？在所有的工作妇女中，只有低于百分之五的人每年的收入有三万五千美元或以上。妇女平均还是比男人少挣三分之一。比较有把握的是，只有很少比例的寡妇，在经济上是和她们丈夫活着的时候一样。

假如以我的存款来说，我还在为金钱担惊受怕的话，那么当一个带着两个孩子的年轻寡妇发现她丈夫是

以人寿保险作为抵押来分期支付现在负担很重的房屋时，她会有什么感觉？或者年已七十多的寡妇知道了她丈夫的养老金不能为未亡人带来利益时是什么感觉？

米尔特去世以后，我收到了成千上万封寡妇的来信。随后我给人民杂志写了一篇文章，说的是重新开始生活是什么滋味，这又激起了雪片似的来信。许多妇女都有关于经济状况的伤心故事。

就拿丈夫以人寿保险作为房屋抵压贷款的女人为例吧。

他只有三十四岁，朝气蓬勃，却死于一场奇怪的意外事故。他们有两个小男孩，一个两岁，一个四岁。她丈夫工作的时间不长，没有资格得到公司的抚恤金。他把人寿保险全部抵押出去来分期购买房子。当他去世时，他的寡妇只有足够的钱购买食品和支付六个月的贷款。她以比原价要低的价格卖了房子，搬到了公婆家里。

“这是非常困难的时期，”她写道。“我是个接待员，正在上计算机课程，这样我可以找一个更好的工作。我希望有一天我可以挣足够的钱，这样我们三个人就可以重新有自己的家了。我的公婆住在公寓里，没有地方让男孩子们到外面去玩儿。他们不知道发生了什么事，我也不知道发生了什么。我甚至没有时间悲伤，我忙着工作、学习、照顾孩子。要是他知道在我们身上发生的一切……我不知道要是没有我的公婆情况会怎么样。在我上班时，假如没有人照顾我的孩子该怎么办呢？”

一位七十九岁年老的寡妇写信来说，她无法相信，她故去丈夫的养老金在他去世以后就停止了。它没有给未亡人带来好处。他们曾对他的养老金和社会福利作了很好的安排。现在她所有的一切就是社会福利了，还有银行里的五千美元，那是他们存起来准备应急用的。

“本来总是说，要是他发生了什么意外，我不用担心，”她写道。“他说我能够靠他的养老金和社会福利活得很好。但是事情和他所计划的并不一样。现在我和儿子夫妇一起生活。我把我的社会福利支票给他们，但是有时儿媳妇让我感到我好像妨碍了她的生活。”

我有许许多多这种来自寡妇的信件，有年轻的、有年长的，她们发现自己有着同样的或更加糟糕的经济问题。金钱——缺少它——常常是寡妇最大的问题。这会使她的新生活的每一个痛苦方面都恶化了。每一个支柱都立刻从她身下给抽走了。

她失去了丈夫和她的生活方式——常常还有她的家。

所有结了婚的女人都应该为自己成为寡妇以后作好经济准备，不管她们年龄多大，丈夫是多么的富有。每一个结了婚的女人应该问问自己："假如我丈夫明天去世，我靠什么生活呢？"

很少有作妻子的问自己这个问题。

也很少有人曾经问过她们的丈夫。

而他们的回答往往是这样的"你别担心，亲爱的。有人寿保险、社会福利和股票。你不会有问题的。"

也许如此。但是作为一个妻子应该问问，你有多少人寿保险？是不是足够我和孩子们使用而不必出售房子？是不是足够我们维持目前的生活方式？投资又是什么？不动产？股票？债券？存款单？假如你发生意外我应该如何处理它们？它们放在什么地方？在我们的保险箱里？你知道你的养老金能保障未亡人的利益吗？我能得到多少？我需要多少？

这些问题只是一个开始，一个总的原则。每个家庭的情况都是不一样的。一个妻子应该知道的最重要的事情就是，她丈夫是否有遗嘱。她还应该知道他保存在哪里，并且要熟悉它的内容。即使是在这个女权主义至上的年代，也有些妻子，年轻的或年长的，不知道她们的丈夫是否有遗嘱。假如他没有，她应该敦促他立一个。

我不能假装米尔特和我是这最后一个方面的模范。

自丽莎是个婴儿的时候起，我就立了个遗嘱。我的父母是律师，这使我对遗嘱的重要性有了认识。但是一直到米尔特去世前不久，他从来没有想到过要立一个遗嘱。他不是一个忧心很重的人。我觉得他以为自己会一直活下去。

每当我催促他立个遗嘱时，他总是答应说他会的——他一有时间就办。

不过他从来没有时间。

一直到有一天，丽莎到医院去看望他时，问起他的遗嘱放在哪里。知道他还没有立遗嘱时，丽莎让他口述了一个，签了名，这样就有了写在纸上的内容。一两个星期以后，当他回到家里时，律师根据他向丽莎口述的内容起草了一份正式的遗嘱。

有人说，金钱不是一切。我说当你没有钱的时候，它就是一切。

即使不用担心租金或者分期付款的钱从哪里来，寡居生涯就够令人不快的了。

我担心金钱，但是我更加担心的是会失去我的外孙。这实在是我最荒谬的恐惧，但是对我来说却是绝对

的真实。

米尔特去世以后，不管我在什么地方，不管我在干什么，我总觉得我是以前整体的一半儿了——整体是永远失去了。我害怕我爱的每一个人会从我身边离开，因为没有了米尔特，我作为一个人在消逝，在我的生活中根本就没有了爱。

这种特别的恐惧从葬礼那一天就开始了。仪式完毕以后，人们围站在墓地旁，向我母亲、丽莎和我告别。迈克显然被墓地边上的仪式给吓坏了。拉费，他的爷爷，觉察到得把他从这个原始的坑里带开，就问他是否想和他一起去散步。迈克热切地点点头，他和他的孙子消失在墓地的一条小路上。

就在那一刻，我的心一下子变得冰凉。

我觉得从现在起，米尔特去世以后，迈克再也不会和我亲密无间了。

我的第一个外孙就要永远失去了。

我的恐惧在一个星期以后似乎得到了证实，丽莎和她的三个小女孩到佛洛里达来看我。我喜欢丽莎和我的三个外孙女，但是迈克是特别的。我父亲去世了，我丈夫去世了。现在我的外孙，是我血脉中惟一留下来的男性，不想来看望我。他告诉他母亲，他宁可待在家里和祖父母在一起。而迈克是非常喜爱海边的!

尽管我理解，在这个时刻到这所房子里来——充满着他和外公一起度过的所有美好时光的回忆——对当时的迈克来说是太困难了，但这还是让我感到特别难受。我觉得在世界上孤苦伶仃。

我相信，既然我的生活中没有了男性，迈克就没有了伙伴，他会远离我而成长起来，除了丽莎坚持要他进行任务式的拜访。现在我知道了这一可怜和令人心碎的场面永远不会到来，但在当时，那和我的悲痛是一样的真实。

幸运的是，命运给了我一个机会摆脱了这个恐惧。我的工作救了我。那年夏天，我应邀到阿拉斯加去演讲。我立刻想到了迈克。哪有男孩子不想去阿拉斯加探险的?这给了我一个机会来重新建立起我们的关系。

在和丽莎和埃米尔商量妥当以后，我邀请迈克和我一起到阿拉斯加去。

我讲完课后，我们俩在那儿待了一个星期，在州里旅行。我们被阿拉斯加熊、驼鹿、多尔绵羊、大海豹和冰川，以及一望无际的野景给迷住了。我们在直升飞机上饱览了冰川风光，那碧蓝碧蓝的冰川让我们大开眼

界。我们看到秃鹰在我们上方飞过，迈克还去坐了一次狗拉的雪橇，他还去钓了大麻哈鱼。我们在科迪亚克岛上被浓雾困住了两个晚上，我们曾希望能看到著名的科迪亚克熊，但是希望落空了。我们遇见了环境学家和野生问题专家。几个在无人区飞行的飞行员认出了我，邀请我们和他们一起度过了一个晚上。他们告诉迈克他们那惊险的冒险故事，迈克兴奋得睁大了眼睛。那次旅行快乐极了。

我们偶尔会谈起米尔特，但是总是以一种愉快的方式。比如，一天晚上，当我们看星星的时候，我告诉迈克，他的外公一直希望从北极或者南极的天空中看星星。迈克回忆起新年前夕在农庄里，米尔特把他带到外面，让他从大望远镜里看夜间的天空。

到旅行结束时，我不再有失去外孙的感觉了。我们共同的经历加强了我们之间的纽带，我们的关系像以前一样坚固了。

我永远不能取代米尔特在迈克生活中的位置，但是我知道我没有必要这样做。我们之间还有其它的纽带，包括我们对新的地方和新的想法的共同兴趣。

我还知道了和我的外孙在一起度过的这一段时间是多么的令人心满意足。它帮助我们变的愈加亲密。

由此，我开始为每个外孙安排时间。去年春天，塔尔亚和我一起去了巴黎。我得在那儿出席一个会议，但是剩下的时间我是和外孙女一起度过的。我们在路边的咖啡馆早餐，一边把新月形面包浸在我们的热巧克力里，一边观望着周围的世界。我们去了罗浮宫，塔尔亚决定临摹蒙娜丽莎的画像。巴黎人为这个神童而倾倒，不过他们看到她所画的是一张典型的满月似的孩子气的脸蛋儿。我对她的了解倒是我以前从来不知道的。到利利和阿利尔长大以后，我也计划带她们每个人做一次特别的旅行。当然还要和迈克一起到别的地方去。

尽管让我惊吓不小，但是担心失去迈克的恐惧持续的时间并不长。我很快就明白了我这是多么的荒谬，而且我和外孙们的关系比以前亲密了许多，他们真正成了我生活中的快乐。随着我渐渐地适应了没有米尔特的生活，我明白了对金钱的担心实在是多么的可笑。但是我还是很担心我的身体安全。

起先我对生活充满了恐惧。我晚上要是不检查一下我的床底下就不得安心；而且当我独自一人时，公寓中的每一点小小的声响都能让我跳起来。特别是晚上神秘

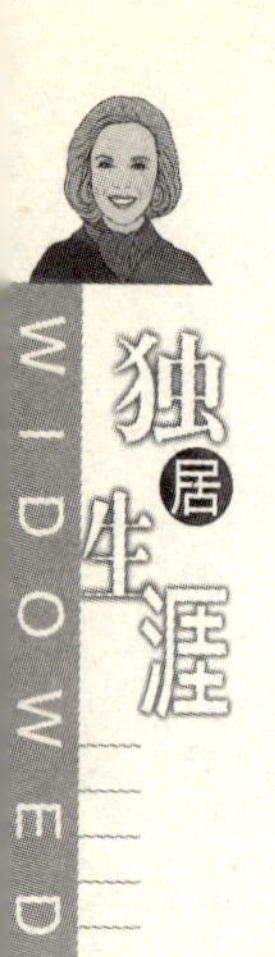

的声响。在米尔特去世以后的几个月里，我每天凌晨一点钟会被一种奇怪的、持续三十秒钟的蜂音声惊醒。我一直没找到声源。我担心是有人试图撬开前门的锁。后来我担心厨房里的一件用具会爆炸。大概没有什么比夜半的恐怖更能让人失去理智和害怕的了。

最后，在米尔特去世以后几个月，当我在夜深人静的时分整理他的衣物准备送给慈善事业时，我听到了蜂音声——就在我的耳边。我正在折叠我给他带到医院里去的运动茄克衫，那是他最后穿过的衣服，从那以后，他再也没有回过家。我搜寻了茄克的口袋，发现了它。那是他的一只表，那种有闹钟的表。我想不出来他为什么把它调到凌晨一点钟。这成了生命中一个没有解开的谜。但是至少我知道是什么造成了半夜的声响。

我保存了这块表，我觉得迈克可能会喜欢它的。但是我把闹钟给关掉了，这样它再也不会惊吓我了。

我害怕独自一个人，因为我觉得缺乏保护。这并不是想象中的恐惧。名人有许多有利条件，但也有不利条件和危险。每个人都有一定的知名度——男人或女人，老的或少的——都会害怕。想想约翰·伦农，或者像我一样，想想丽贝卡·谢弗，她是《我的姐姐萨姆》的主角，在米尔特去世以后的那个七月里，被一个狂慕者杀死了。丽贝卡不是和约翰·伦农一样的大明星，但是她已经小有名气，正在成功的道路上前进。在丽贝卡死前，还有人企图杀死演员特里萨·萨达纳。这两个案例都在新闻媒介上作过广泛报道。

在这些案例后不久，《今日美国》请我写一篇关于热衷的狂慕者的文章。在对这个题目进行调查研究时，我发现，实际上没有一个名人没有受到过威胁或者实际的袭击。根据加利福尼亚精神病学家帕克·迪茨博士的结论："在1968年至1989年，袭击公众名人的精神不正常者的人数，要比过去一百七十五年间的人数还要多。"

增加的原因，我认为，是许多年以前，人们只能从电影院的大屏幕上看到这些明星，他们似乎离得很远。他们和成百上千的观众一起在电影院里分享他们的体验。在共同的体验中，由于身体上的距离和感情上的稀释，不会引起迷恋的反应。但是如今，当一个人在自己的起居室独自观看电视或者录像时，演员就像在他的怀抱中一样。

从心理学的角度上来说，他拥有了那个人。

狂慕者相信，他喜爱的这个演员或者名人具备了他想在自己身上所具备的所有品质。他的整个生活开始围绕着她（或者他）转。他幻想着他们在一起的情形。他不断地想着她。

大多数人没有这种幻想的需要。其他人——有时非常正常的人，像十几岁的青少年，并不打算建立真正的关系——悄悄地爱上某个演员。他们以自己的幻想在设计着自己的脚本。这让他们的生活变的更加有趣和兴奋。但是他们知道这只是一个幻想。

还有就是严重不正常的人——热衷的狂慕者。他们开始扮演那幻想脚本中的角色。他们想把它们变成现实。他们想从身体上和情感上接近他们至今还悄悄爱着的人。

以这种方式喜爱一个人有什么不好呢？被这种方式喜爱又有什么不好？

不好之处就在于这样太危险。

热衷的狂慕者就像飞蛾扑火一样，对名人的光环趋之若鹜。他们想占有这个人，想占有她或他的一切。那个杀死约翰·伦农的男人就是希望伦农的名气能在他身上反射出来。那个刺伤特里萨·萨达纳的男人认为她是一个天使，想让她把他一起带到天堂上去。

我对狂慕者的性质了解的越多，我的不安全感和恐惧感就越强。每个名人都有一定数量的奇怪信件，那些信件我总是扔掉算数。当米尔特活着的时候，我从来没有什么别的想法。米尔特在我身边，他会照顾我。

但是现在我害怕了。要是这些令人毛骨悚然的人把目标对准了我怎么办？

此外，当我在人民杂志上发表了关于寡妇重新开始生活的文章以后，我的秘书报告说，接到了几十个男人来的电话和信件，希望和我见面。我愿意相信，这些电话和信件中的绝大多数是绝对真诚的，来自善良和有思想的人，但是剩下的那一点呢？

在米尔特去世以后，我第一次一个人在农庄过夜的时候，我对这个数字的恐惧达到了顶点。这是一个非常安全的地方。我们曾经遭受过一次盗窃，没有丢失什么宝贵的东西，房子也没有什么损失。在窃贼抓到以后不久，盗走的东西还全部归还了。但是那个晚上，我害怕得几乎要开车回城。惟一让我终止这个念头的是我的知识，假如我这次向我的恐惧让步，那么以后就很难克服这一点。一旦你逃避了某件事情，那么下次就很难顶住和面对它。

为了防止自己逃跑，我到锁着的柜子里去找米尔特

保存的猎枪。他总是计划着去打山鹬和长毛松鸡，那是我们树林和草地的季节性来客，盘算着或许我能把它们烹调一番的念头。幸运的是，那个项目从来没有实施过。我计划把枪放到床边，而且，我对自己说，假如有人悄悄溜进来，我就开枪杀死他。

我把猎枪从盒子里取出来看了看。它比我印象中的要大一些。我小心翼翼地拿着它，枪口向前，把它拿到了楼上放在床边。然后我去找子弹。米尔特把它们放在别的地方，因为他觉得把枪和子弹放在一起不好，特别是我们的外孙常常到这里来。我发现子弹放在一个小的硬纸盒里，就把它们放在了床上猎枪的旁边。

我站开来看了看它们。我从来没有使用过猎枪，也没有使用的说明书。子弹放在什么地方呢？几分钟以后，我决定尽管有枪保护是个好主意，但这不是适合我使用的枪。

假设我睡着的时候有人破门而入呢？猎枪非常沉，等我把枪拿起来对着入侵者时，什么情况都可能发生。这不是那种优雅的小手枪，可以放在床头柜上应付半夜的紧急情况。

那天晚上，我把没有子弹的猎枪放在床边的地板上，心存侥幸入侵者不会知道这支枪里没有子弹，或者他不知道我根本不会使用猎枪。第二天早上，我把它放回了盒子里，重新锁在了柜子里。自那天晚上以后，我真的学会了安全地使用枪，并且为此而有了安全感。

星期一我约见了在农庄安装安全装置的专家，他们向我保证能够提供充分的保护。这减轻了我的一部分恐惧感。公寓房屋有其自己的安全系统，但是我还有特殊的安全装置安装在公寓内部。

我仍然还有一些不安。我现在对停车也很小心在意。这里有没有很多人？这个地方灯光够亮吗？我在城里走路也很小心，特别是晚上。我只到有人的地方和有灯光的地方去。我只带很少的钱。在没有把握是谁在按铃之前，我不再贸然开门。

我变得非常小心，当我到佛洛里达海边别墅去的时候，我甚至再也不敢请人帮助我把箱子从车上放进和提出了。我在丽莎和孩子们预定到达的前一个晚上抵达，我的箱子又重又大，我自己没法把它从车里取出来。正常情况下，我会请求别人帮助我，但这是半夜，我明白，要是我请住在我旁边的陌生人帮助我，那就等于很清楚地告诉别人我是孤身一人。

因此我就把箱子留在车里，上床睡觉，没有刷牙，没有护肤——也没有睡衣。那时我明白了，一个单身女人是多么的危险，她连请求别人的帮助也不敢。在那以前，我常常请求别人帮助我。但是我现在明白了，我不能再那么做了，不能再增加任何脆弱感了。

最近，我的车胎没气了，我没有从车里出来试图让过路的汽车来帮助我，平时我老是这么做的。我锁上门，打开闪光灯，坐在里面，一直等到州警察过来问我是否需要帮助。自此以后，我装了车载电话，这样假如我车胎没气了，就可以打电话请求帮助。

当米尔特活着的时候，我从来没有想到过什么狂慕者、盗窃者等等的问题。我从来不觉得我会有什么危险。现在我不这么想了。我知道这是有根据的，我的恐惧是现实的，但是我痛恨这样的小心翼翼。

我还知道，这样的情况不止我一个人。我的情况也并不特殊。大城市或者中等城市里的每个女人都处于某种程度的危险之中。

单身的女人要比结了婚的女人更加危险。

女人不必是一个很有名气的人才能吸引热衷的狂慕者。尽管这些人常常把目标对准著名的人物，但是那个人也许只是在狂慕者的视野中是著名的。她可能是个教师，一个律师，当地选美竞赛的优胜者，或者是镇上非常有吸引力的市长。

我强调我的恐惧，因为我是一个寡妇，我以前从来没有单独生活过。

现在我不得不为自己负责。

我很骄傲我学会了——但是我仍然希望我永远不必学习这些。

13 会有新的爱情吗

对于寡妇来说，适应另一个男人的性爱和亲密，适应爱情和周围环境基础上的性爱关系，适应能够导致婚姻的关系是需要时间的。大多数寡妇必须克服她们的悲痛，适应没有丈夫的生活，这样她们才能在和另一个男人的关系中比较认真和投入。

悲痛是莫名其妙的。在我写了我对米尔特的怀念、我的孤独，我觉得生活没有了更多的指望等等以后——也就是在米尔特去世以后九个月，我有了第一次约会。

还不仅仅是第一次约会，我还开始明白了，我自己生活还有一些有利条件。这两种发展看起来似乎是自相矛盾的，但它们是把我从悲痛的深渊中拉出来的巨大力量。自米尔特去世以后，我第一次开始展望未来。

米尔特去世以后的一个早上，当我醒来时，决定开始我的生活。我前一天晚上在床上看书时，想到过关于长寿的一些新的统计数字，包括我现在还能活上几乎二十年这一事实。

我开始哭泣。

二十年的生命！没有了米尔特！我怎么能忍受这二十年的孤独呢？这个前景让我既吃惊又害怕。

早上情况似乎还好些。如果我还能再活二十年，我决定我要好好活下去。的确，我应该好好活下去。米尔特希望我这样。

“你得活着，看在上帝的份儿上，”他会这样说。“好好活着！”他热爱生活，庆祝生活的每一分钟。他死了，但是我还有生命这个了不起的礼物。

我向米尔特宣誓我绝不浪费生命。

如果我要在我的余生好好地生活，我应该重新结婚。我为能够帮助人们一起分享我的心理学和人文行为的知识而感到心满意足，但是我的真正专长是婚姻。我以一个妻子的身份生活了几乎四十年，我珍惜婚姻

生活的每一天。我生来就是做妻子的料，爱一个爱我的男人，满足他，帮助他，分享他的生活。米尔特和我发誓要同甘共苦，在我们的每一个结婚纪念日上，他总是亲吻我说："我还在等待逆境。"

现在"逆境"来了。

逆境？再坏也没有的逆境！

死亡分开了我们。没有比这更坏的了。要是我先死，米尔特会再婚的。他是一个很会享受婚姻的男人。

要是我再婚，他也会同意的。

当我想到这一点时，我意识到我有一个未来丈夫的候选人。

他上周来了个电话。"我们应该见见面，"他说。"你愿意在晚上出来晚餐吗？"

我认识杰弗里多年，尽管不是太熟悉。他是米尔特的一个病人，他的儿子和丽莎在一个学校。他的婚姻破裂了，后来他搬出了城市，从我们的生活中消失了。

米尔特的讣告在纽约时报上刊登以后，他给我来了个电话。他非常同情我，告诉我说，他对米尔特作为一个男人、一个内科医生是多么的欣赏，他的去世是个多么大的损失。他说——像别人一样："要是我能为你效劳的话，请务必让我知道。”

当然我没有麻烦过他，但是他不时地来个电话——“就是问问，”他常常这么说。

他会问我怎么样，我们就交谈几分钟。他告诉我，他在康涅狄格买了一套面海的公寓，他如何出海航行。我们交换着孙儿孙女们的轶事。我告诉他我在使用米尔特跑车中的问题，他给我提供了他认为更加适合我的品牌汽车的情况。诸如此类的事情。

现在他请我外出晚餐。他的邀请让我十分惊慌。设想他可能成为一个合适的丈夫候选人是一回事，而真的和他一起约会又是一回事。

我把他看成候选人的惟一理由是，他是惟一在目前对我表露出某种兴趣的男人。这就像有人揭露了我的外强中干一样。

“我下周给你去电话，”我支吾道。“我现在日程全排满了。”

当我给他回电话时，我建议说，与其在城里晚餐，还不如星期天到农庄午餐。“现在正是一年中非常美丽的季节，”我说。

我还警告说，我下午四点就得离开，搭乘去洛杉矶

的飞机。

“在农庄里度过一个下午听起来很不错，”他说。“我很愿意。”

我想，这是最好的处理方法。我们可以加深一点儿对对方的了解，由于时间非常短暂，没有可能会产生过分的亲密或者令人不快。

我没有告诉任何人邀请杰弗里的事，连丽莎也没有。

我不知道她会有什么反应，但是我怕她会不赞成，或者觉得我对她父亲不忠。我自己觉得有点儿内疚，请另外一个男人到农庄，几乎好像是在欺骗米尔特一样。而且我担心整个事情会令人难堪。

我其实大可不必担心。杰弗里那个星期天扮演的角色就是一个家庭的朋友。午餐前，我们穿过田野沿着河边散了很长时间的步。

我发现我其实不懂如何和一个男人谈话。

我赖以为生的事业就是谈话，但是这很不一样。我所谈的一切都是关于米尔特的。我发现自己在说：“米尔特和我常常……米尔特总是觉得……米尔特计划……米尔特喜欢……米尔特……米尔特……”

午餐——奶酪甜点和老式的白脱脆饼，那是我早上烤出来的——不太成功。我不知道他在限制胆固醇的吸收。当我注意到他把蛋白和奶油挑出来，把脆脆的酥皮扔掉时，我真希望他事先告诉我他是个低胆固醇的摄入者。

但是他非常善良和敏感。

当我提到我希望有一天再婚时，他给了我一些明智的建议。他说，当我觉得我找到的人能够和我共同生活时，我应该绝对有把握，要有确凿无疑的理由。“是为了爱情。”他说。

“千万别落入因为孤独而结婚的陷阱。如果这样，你会觉得更加孤独。婚姻不是神奇的万能药。爱情是一种与众不同的感觉。”

“我明白这些，”他说，“是源自我个人不快的经历。”

他告诉我，他离婚以后和一个年轻的女人同居了几年。“我们都很孤独，”他说。“就是孤独把我们拉到了一起。但是这不足以让我们维持下去。

“爱情是个非常稀有的商品。”他最后说。

我热泪盈眶地表示同意。

他很有刺激性，也很有魅力。但是到了他离开的时候，我一点也不觉得遗憾。这对我来说是不太轻松的几

个小时——这是我四十三年中，第一次和米尔特以外的男人在一起待了这么长的时间。我挥手和他再见，洗了碗，锁上门，出发到机场去。我告诉自己说，这是一个错误。再也不会有一个适合我的男人了，情况就是如此。

但是情况并不是如此。在去机场的路上，在飞向西海岸的途中，在剩下的那周时光中，我的脑中老是盘旋着“假如”。

假如他疯狂地爱上了我呢？我问自己。他在康涅狄格有套公寓，他有三个孩子，他有五个孙儿孙女。

假如我们结了婚，我搬到他的房子里，我永远会觉得那不是我的家。此外，公寓大概也太小了。我们得要所新房子。但是我喜欢我的公寓。我不想住在别的地方。

但是假如我们真的找到了一所我们都喜欢的新房子呢？我的东西可能放不下，我得把它们放在储藏室里。也许不会有足够的房间让我在家里有一间办公室。假如他不喜欢我的秘书整天呆在房子里怎么办？

他喜欢住在康涅狄格。这就意味着我得花好几个小时来回通勤纽约。假如我的秘书不喜欢通勤怎么办？假如他们通勤来往，门前的道上有没有给他们停车的地方？

假如他反对我经常旅行怎么办？这是我工作的一部分——演讲，西海岸的电视节目，讲习班和咨询工作？

假如他希望我放弃工作怎么办？我不可能放弃我的工作。这是我生活中非常重要的部分。此外，我还有今后两三年已经签约的义务。

假如他希望我在他的船上度过周末怎么办？我痛恨航海，那会让我厌倦得要命。

假如他的孩子们不喜欢我怎么办？那将对我们俩是个沉重的负担。

假如丽莎不喜欢他怎么办？

或者他不喜欢丽莎？那我该怎么办？

我的女儿和她的丈夫，以及我的外孙们——他们对我是那么的重要。假如他们反对我的新丈夫，在我们的房子里觉得不自在，我是无法忍受的。

而且他还是一个低胆固醇的摄入者！

我甚至去买了一本关于低胆固醇的烹调书。我想，我真的应该再邀请他一次，为他做些低胆固醇的食物，为上次在他的动脉血管里塞入了奶酪甜点和苹果派而道歉，但是我越看这本菜谱，就越觉得没意思。胆固醇，

我告诉自己说，是上帝把它们放在食物里让它们吃起来味道鲜美的。既然我的胆固醇不高，我就不必担心这一点。假如杰弗里和我结婚，我每天晚上必须做两种菜 —— 一种是为他，一种是为我。我非常喜欢食物，我不能放弃我不必放弃的牛肉、白脱、鸡蛋和奶油。

假如他再来电话，重申他的晚餐邀请怎么办？我要不要接受呢？

假如我告诉他我宁可呆在家里，邀请他到家里来和我一起晚餐呢？假如他把这理解为是一种心照不宣的性爱序曲的邀请怎么办？

假如他真的这么做呢？我和另一个男人在一起会感到自在吗？我的身体还过得去，但是毕竟和以前不一样了。和米尔特在一起，这无关紧要。我们的身体是一起变老的，我们从来没有注意到对方的不完美之处。

这是幸福婚姻中的一件奇妙的事。当一个男人在二十年后第一次见到他旧日的女友时，他对自己说：她真的是见老了。

但是同样的二十年，他对妻子的外表却没有什么感觉。

在你丈夫心底和他头脑中的眼睛里，你的形象就是他十年、三十年、五十年前他爱上你时的样子。尽管你大腹便便，这儿下垂那儿塌陷，他仍然觉得你还是他爱上你时的模样。

这有两个原因：首先是因为这是一个逐步的变化，其次，是因为他不允许自己意识到这种变化。他内心的潜意识帮助他忽视了松弛的腹部和双层下巴。所以人们说爱情是盲目的并不奇怪。

但是一个男人第一次见到你的裸体——啊，那就不一样了。特别是假如这个男人曾经和一个比较年轻的女人有过活跃的性生活，就像杰弗里经历过的那样。

我担心他会把我的身体和那个比较年轻的女人进行比较——发现我不那么令人满意。

我觉得自己像个白痴一样，让所有这些想法在我的头脑中过来过去，特别是并没有任何所作所为使我相信，我实际上已经面临着这些“假如”的情况。但是我的头脑中确实是这么在运转。我所有的担心和自我探测的结果是，我认定杰弗里并不是适合我的人。尽管我那大多数的“假如”不是那么有根有据，我对他的感觉还不足以驱使我去改变我的生活，以便和他生活在一起。

我当时并没有明白这一点——实际上，我为那些不存在的、或许永远不会存在的情况感到过度的担心，这使我非常不安——但是这些“假如”是学习过程的一部分，了解自己和自己所希望的东西。

人们常常忘记，寡妇在她哀悼的过程中，经历了一系列的个人和感情的变化。她不再是她丈夫去世以前的那个女人了。

她怎么还会是呢？她生活中有了那么多的变化。

精神病学家常常提起“涟漪效应”，来证明一个人生活中最小的变化会产生深远的影响。就像一块石头扔进了池塘，涟漪扩散到池塘的最边缘，也就是影响到一个人个性的极限。一个寡妇经历了许多许多变化，绝大多数是重大的变化。她必须要了解新的自我，要问问“假如”。

一旦面临需要作出决定时，就能给她以帮助。

我建议每个正在考虑结婚的女人——单身的、离婚的、或者寡居的——让自己进行一系列同样的“假如”。

我对自己了解到的都感到十分惊奇。

你可能以为我从这里学了一课——我还没有准备

好在我的生活中接受另一个男人，我甚至还没有准备好开始和男人约会。但是几周以后，当我在洛杉矶时，我给一个读了我在人民杂志上的文章后写信给我的一个男人打了电话。他请求我到洛杉矶时和他一起晚餐。

他是个陌生人，但是我知道他的名字。他在电影界很有名气。他是一个代理人，一个独立的制片人，而且据我所知，他还没有结婚。他给我写了一封充满同情的信，赞美我面对米尔特去世所表现出来的“勇敢”和“勇气”。

当时我把信放在了一边，没有采取任何行动。现在我想，为什么不呢？我给他打电话，告诉他我一个人在城里，希望能在第二天晚上邀请他晚餐。

我强调了是我的邀请。

我希望控制住形势。

他说他愿意和我一起晚餐。他是个快乐的人，为人开朗，才华横溢。我们的晚餐约会非常有趣。我们去的是蔡森餐馆，有许多认识他的人到我们的桌旁来和他打招呼，也有很多认识我的人过来和我招呼，弄的就像一个小型的聚会一样。我看得出来，他的生活很有刺激性，我们有很多共同点。像我一样，他是个工作勤奋的人。他告诉我，他从来没有结过婚是因为他总是太忙。

“但是总有一天，”他说，“我会希望定下心来开始新的生活。”

当我那天晚上回到旅馆时，我的“假如”又开始了。假如他疯狂地爱上了我怎么办？

我会为了搬到西海岸而卖掉一切吗？这就意味着连根拔起我的根基。这就涉及到了精力问题。我有这种精力来开始一个全新的生活吗？

而且假如他想要孩子怎么办？假如他结婚，他毫无疑问想要孩子，而我不能为他生儿育女了。

不行，我对他不合适。

我的反应？松了一口气。

这样，我又回到了起点。我在和约会与婚姻的想法调情，但是没有想有所作为的企图，甚至连建立一种友谊或者关系的打算都没有。

但是我试过了。我比我所能想象的具有更大的勇气去赴了约会。

相当令人沮丧的是，我明白了这些男人并没有对我有特殊的兴趣，我对他们也是如此。

但是这种经历是很有益处的。

我明白了我可能准备考虑结婚，但是对婚姻本身，我还没有准备就绪。正如在我告诉杰弗里我最终希望再婚时，他明白我并不是在寻求爱情，我也没有准备付出爱情，性爱也不是我再婚愿望中的一个因素。

我的性欲早就像七月的壁炉一样熄灭了。我对性爱的兴趣远不如我对学习风筝滑翔的兴趣高。

大多数寡妇在丈夫去世以后的几个月、常常是一年或一年以上，就对性爱失去了兴趣。性爱是要精力的，而使人在感情上筋疲力尽的悲痛，在身体上也是很伤人的。

寡妇通常有做不完的事情要拽过那日常的时光。性爱是她脑子里的最后一位。

但是，那些在葬礼结束短短几周以后就让自己投身到兴致勃勃性爱关系中去的寡妇是怎么回事呢？有些人是有强烈的性欲，不愿意受到压抑。而有些把性爱看成是摆脱愤怒的方式，她们觉得在世界上被抛弃了。

有些妇女在丈夫去世以后的几个月中就进入了性爱关系，饥不择食地在寻找一个丈夫。她们希望让她们的生活重新回到平稳的轨道。她们希望重新成为夫妇中的一方。她们认为，只要她们再次结婚，生活就会恢复幸福的正常状态。对她们来说，性爱就是认识一个男

人的诱饵和捷径。

但是大多数在丈夫去世以后几个月就和男人上床的寡妇，不是因为她们想要性爱，或者觉得喜欢性爱，而只是希望和某个人亲近，能够在床上偎依在一个温暖的身体上。有的时候，一个寡妇非常不愿意一个人呆在空荡荡的房子或公寓里，她会以性爱来作为陪伴的交易。

这就像遛狗一样。你希望有只狗，但是你不是特别喜欢遛狗。不过既然你真的希望有只狗，你就得遛狗。寡妇就是这样。她不是真的对性爱感兴趣，但是既然她不希望一个人呆着，她就得做爱。这也许会带来一时的痛快，但是通常它会成为一种基本上令人失望的运动，让她比以前更为孤独。

有时寡妇做爱就是因为她们不知道怎么说出个“不”字来。许多男人，特别是结了婚的男人，认为寡妇就是坐在那里渴望着男人去解决她的性要求，他们实施性爱的行为就像他们给了她莫大的恩惠一样。

女人常常在应付这样的问题上有些麻烦，尤其是当那对夫妇是朋友时，她们不想激怒作丈夫的。结果，就面临着友谊的结束，特别是在她们感到非常孤独的时候。

其实是可以说“不”而不破坏友谊的。通常这可以做的很温和，因为男人对自己的把握从来不像他所表现出来的那样自信。有时以一抹悲伤的笑容，或者摇一摇头，就把信息传过去了，你表示出，你为他的关心而深受感动，但是你的悲痛太深，对性爱连想也不愿想。

对于寡妇来说，适应另一个男人的性爱和亲密，适应爱情和周围环境基础上的性爱关系，适应能够导致婚姻的关系是需要时间的。大多数寡妇必须克服她们的悲痛，适应没有丈夫的生活，这样她们才能在和另一个男人的关系中比较认真和投入。

我还没有达到那一点。我一直在寻求的是摆脱我的孤独。而婚姻不能给我这一点，还没有到时候。

我还会再婚吗？我不知道。而且现在我很怀疑这一点，我甚至不知道我是否真的想再婚。我所知道的就是形势对我很不利——几乎对所有的寡妇都不利。原因之一就是，死了丈夫女人的平均年龄是五十六岁。这就实实在在地缩小了这个领域。

一个男人越是富有和出名，他所希望的妻子就越是年轻。第二任妻子常常“要比作丈夫的年轻一二十岁”，《幸福》杂志一篇关于高级经理第二任妻子的文章

这么说。她“有时会高上几英寸，漂亮，常常才智过人。第二任妻子证明了她丈夫的地位，假如可能的话，只要给她一些必要的材料，就能把男人在十八岁时性欲最强的概念驳得体无完肤。有权势的男人……需要的是战利品一样的妻子。”

换句话说，婚姻是心理学家称之为的“社会交换”，这是一个公式：a+b=x+y。举例来说，a= 财富，b= 地位，x= 野心，y= 才智。这可以描述一个富有和社会地位显赫的女人，与一个比她年轻十岁律师的婚姻，她相信这个男人有一天会成为他专业领域的拔尖人物。对这个律师来说，他配偶的财富和社会地位是强有力的资产，足以抵消她年龄大的缺陷。而对于他的妻子，他的才智和潜力足以抵消他目前的贫穷状况。双方都认为这是一种“半斤八两”的交换。

寡妇在社会交换方面常常是一无所长。例如，a= 一个六十岁的寡妇，收入有限，但喜欢旅行，b= 外貌宜人，个子矮胖，x= 一个六十岁离了婚的经理，喜爱精致的生活，包括旅行，y= 外表英俊，尽管有些秃顶。这似乎是一个公平的交换，但是当你从现实中进行检验时，情况并非如此。

这个经理最后会和一个富有魅力的年轻女人结婚，

他觉得这才适合他所喜爱的新的生活方式。

而年轻的女人会觉得这是一个公平的财产交换，因为他有钱能提供她所渴求的生活方式。而寡妇还是孤身一人。

或者给寡妇找一个六十五岁的鳏夫，退休金丰厚，再婚愿望强烈，渴望重享井然有序的舒适家庭生活。这似乎看上去是一个平等的社会交换，但是鳏夫也总是选择比较年轻的女人。为什么？因为他觉得妻子年轻一些比较容易控制；因为年轻的女人要比年老的女人更有吸引力；因为他希望他的第二任妻子比他长寿，能够在他生病的时候照顾他；因为他可以挑挑拣拣。

可结婚的女人远比可结婚的男人要多。在这个国家里，有一千二百万的寡妇，而鳏夫不到三百万。因此当你在这个圈子里再加上离婚的和单身女人时，绝大多数的鳏夫都有很大的挑选余地。

年轻的寡妇比年老的寡妇有更好的机会。她有更多的条件——年轻、也许很美丽、有魅力、性欲较强。在九十年代初期，人口统计的数字对她也有利。在这个国家，年轻的女人稍微有些短缺。根据人口局的统计，二十左右的未婚年轻男人，要比女人多二百三十万。然而，年轻寡妇结婚的前景，不如同龄的单身女人好。一

个求婚者对必须帮助抚养另一个男人的孩子会感到畏惧。他觉得抚养她孩子的费用可能会限制他和她所生孩子的数目。有些男人不希望一开始婚姻生活就有几个小孩子在碍手碍脚。

当我以这样的方式来看待第二次婚姻的实际情况时，我明白了我再婚的机会是微乎其微的。然而，我发现，随着时间一个月一个月的过去，我越来越不愿意放弃我的自由——我从来没有希望过的自由，但是现在我拥有的自由却令我很难放弃。

我发现单身生活自有它的乐趣。发现这一点的并不止我一个。

数目惊人的寡妇，年轻的和年老的，已经决定，尽管她们过去的婚姻幸福和宝贵，但是她们不想再婚了。

一位结婚二十二年的女人说，她自己都感到吃惊的是，在她丈夫去世三年以后，她明白了："我不想再婚了。并不是我把每个人和去世的丈夫在进行比较、而没有人能比得上他，而是我觉得我不想再和任何人结合在一起。我自由得像只小鸟，我就想这样过下去。"

另一个寡妇说："我丈夫去世以后，我发现了新的自由，一种全新的自我感觉。我永远不会再结婚了。"在她的生活中有一个很固定的男人，但是她拒绝考虑和他结婚。“我和他一起旅行，我们应邀出席同一个聚会，我们喜欢同样的东西，但是我五十八岁了，婚姻不会再给我需要的任何东西。我就喜欢这样过日子。”

一位丈夫四年前去世、给她留下一个六个月婴儿的二十八岁寡妇，靠着保险金、社会福利和钟点工和她的儿子勉强度日。这很不容易。但是当我问及她是否再次结婚时，她耸了耸肩。“我非常习惯靠自己了，在现在这个时刻，婚姻将会是一个艰苦的适应过程。”

当我问及一个非常有魅力的女人，以前的模特儿，她是否考虑再婚时，她说：“我四十九岁了，在这个年纪，没有兴趣去向往明天会是个什么样子，但是我觉得对我来说，再婚将会是个错误。我发现生活对于一个单身女人是非常宝贵的。我从来没有感到生活是如此的生气勃勃。”

年纪大的寡妇对再婚的看法似乎比年轻的寡妇更加顽固。她们不想和另一个人重新再来一遍适应生活的程序，她们也不想再经历服侍定期生病的另一个男人的烦恼。

一位刚刚拒绝了求婚的五十八岁寡妇说：“我认识

他已经几乎有一辈子了，而且我喜欢他；但是他比我大十二岁，很可能他会比我早去世。我服侍过我长期生病的丈夫。我不能再经受一遍了。

“我认真地考虑了他的求婚，因为我很孤独，再有个男人在房子里当然不错。但是这也会带来很多麻烦。要做饭，给他洗衣服，整天在面前碍手碍脚。

“他需要我超过我需要他。他需要我来提供一个家，以及能让一个家舒适的所有服务。而我对他的所有需要就是让我不再孤独。事实上，他是一个很好的朋友。而那就足够了。”她斩钉截铁地下了结论。

“通常的形式还是和一个年纪比你大的人结婚，而随着年龄的增长，疾病发生的机会就增加了。”一个将近七十的女人说。“我不想在我的余生当一个护士。这和服侍我丈夫不一样。我们结婚三十五年。我们大半生是一起度过的。我愿意照料他、服侍他。我和另一个男人在一起永远不会有同样的感觉。”

这些女人决不是与众不同的例外。对芝加哥三百九十名寡妇的调查发现，只有八十个人希望重新结婚。当问及她们为什么时，她们的回答非常类似：“我是自由的、独立的。”这成了口头禅了。

在过去两年中我与之谈话的寡妇，极少有人提到性是结婚的原因。这证实了宾夕法尼亚大学医学院维克多·马拉提斯塔博士领导的研究队伍得出的结论，他们询问了寡妇对生活中不再有性生活的感觉。寡妇分成五个年龄组——四十岁、五十岁、六十岁、七十岁、八十岁。只有最年轻的一组报告说，她们强烈地怀念性生活。

所谓快活寡妇的时代似乎已经结束了——假如它曾经存在过的话。爱滋病和其它性感染疾病，像疱疹，给性革命的自由划上了句号。妇女不再轻易地把身体交付给随意认识的人。

“他们向你撒谎，”一个年轻的女人说。“他们觉得，假如你是寡妇，你就迫不及待地想和他们上床。但是即使我想上床，我也不干。危险太大了。也许……有时……假如我觉得有个男人对我是认真的话……假如我认识他有段时间了……假如我们谈到了这一点……总之，”她总结道：“我想我会的。但是我会让他知道，我考虑的是婚姻，而不仅仅是性。”

我必须承认，找一个情人的想法曾经闪过我的脑海。在我描述过和那个男人流产的经历以后，我想，或许我真的是想要一个可以作伴儿的人，一个情人，而不

是丈夫，也就是能消除我孤独的人。归结起来，我希望在我的生活中，而不是我的屋子里有一个男人。

假如这发生在十五年前，或许一个情人能解决我的问题，因为我不愿放弃我的家，我的生活方式。但是像那位年轻的寡妇一样，我并不愿意抓住这个机会。具备这种条件的男人可能会有一个乱七八糟的过去，而且，在我深思熟虑以后，我觉得这是你只会想——而永远不会去做的事情之一。

在我写下我的恐惧、不安全感和脆弱感之后，我几乎不愿再报告我填补生活空虚的下一个努力了。

这真是愚蠢的一件事，但是我却去做了。

一个寂寞的夜晚，我坐在床上看杂志。我在纽约杂志的个人广告栏目上翻了翻，阅读了一些广告：“大学毕业，四十岁，希望约会三十来岁的女人一起散步，乡村晚餐，欣赏美好的音乐”以及“女性经理，富有魅力，寻找五十岁对歌剧、旅行、法式餐馆和长期友谊有兴趣的男子。”

有两个六十岁左右男人的广告。两个人都寻求一个成熟的女人和长期的友谊。我应征了这两个广告。

几周以后，一个男人来了电话。

“你真的是乔伊斯·布拉泽斯博士吗？”他问道。

“是的，”我告诉他。“我是。”

“你应征了纽约杂志上的广告吗？”

“是的，”我回答道。“我应征了。”

“你知道，”他说：“我和我的精神病医生赌了十个美元，他说他认为你不是真的布拉泽斯博士。”

“那好，你赢了。”

对方是短暂的沉默，然后他说：“好吧，再见。”

我有点儿吃惊，我并不认为我会对这个男人有兴趣，但是我没有想到我就这么被打发了。

“抽个时间见面喝杯咖啡好吗？”我问他。

又是一个短暂的沉默。“啊，”他最后说：“让我想想。”随后就挂断了。

假如他同意见面喝咖啡我又该怎么办呢？

很有可能，他会变成我前一章里所描述的那种狂慕者之一。他或许是一个非常优雅和寂寞的男人，但是也可能不是。谁知道呢？

在我身上什么也没发生——当然，除了被拒绝以外。

但是去做这件事是非常愚蠢和相当危险的。我希望，在详细说明了我是多么的愚蠢以后，其他女人将会

明白这种见面中所蕴涵的危险性。

成为一个寡妇是一个重大的改变，它从根本上动摇了你的整个生活。回顾起来，我看到自己非常努力地从悲痛中摆脱出来，尽管常常是前进一步退后两步。我开始接受其中的一些变化了——不再痛恨可恨的命运夺去了我那幸福的生活，而是开始了我自己的生活，尽管我的一些努力是多么的危险和愚蠢。

我开始考虑利弊了，我应该结婚吗？或者不应该？

假如有人愿意的话，我是不是该有个情人？或者不该有？现在我在生活中珍惜的是什么？渐渐地，我开始为自己设计了一个新的生活。

实际上，在我想到我所有的“假如”时，显然我并不是真的想在任何一个方面改变我的生活。我不想搬家。我不想改变我的工作习惯。我不想适应另一个人的生活方式。我所希望的一切就是逃避我的孤独。

而婚姻并不是一个答案。至少，现在还不是。

但是我并没有把可能的大门关死。谁知道未来会带来什么呢？我在研究孤独的时候，读到过的一些情况让我记忆犹新。罗伯特·韦斯博士，人称研究孤独之父的社会学家曾写过，一个合乎心意的男人是对孤独最有效的治疗。

当一个女人有了一种新的依恋和爱慕时，他说，她的孤独就魔术般的消失了。“她的身体语言改变了，她的自我形象改变了，她的精力改变了。就好像她服用了强有力的药片一样。”

假如一个合乎心意的男人来临了呢……？我不知道，这似乎是奢望的太多了。假如他来了，我想我会有点儿害怕，有点儿战栗，有点儿难以相信。

但会非常高兴。

我想我会对自己说，是米尔特把他送来的

14 亲爱的,我会这样告诉你

那个一月的晚上，我躺在那里思考着要告诉米尔特什么。我回顾起六个月以前，九个月以前，十二个月以前。自从一年前那个寒冬的早晨，我把土块撒到他的棺木上以来，我走过了一段长长的道路，从一个麻木不仁、不知道等待着她是什么的女人走了过来。

寡妇常常把丈夫去世以后的自己描述成被切割解体了或支离破碎。“我觉得像是一组卡片扔到了空中，”一个女人这样说。“把一切整理到一起真是一场战斗。”

我的感觉也是如此。米尔特有一个裂成了碎片的雕刻，看上去就像一个地球，每一个碎片都有一条细线连着，空气的轻微震动都会让它发抖。很长的一段时间，我觉得就像那个雕刻一样———一个伤心欲绝倒下去就起不来的女人。米尔特是我整个生活中的一半儿，与我这一半儿吻合成一个整体。随着他的死亡，整个生活裂成了永远也无法粘合起来的碎片。

我十分确信，我再也不会有一个整体的感觉了。我可以起誓。但是在过了一年半以后，我开始明白了我是一个整体。几个月时光的流逝，这个感觉越来越强，强到我觉得自己好像是一个不同的女人了。

在他去世周年的纪念日，我和米尔特在睡觉时分有一场单方面的谈话。我告诉他，看来我再也不会结婚了，因为我觉得我再也找不到适合我的人。但是这不要紧，我告诉他。作为一个寡妇独身过日子，我现在过的很好。我已经适应了回到空空荡荡的公寓里。我没有他已经过了一年了，而且我知道这就是我一直要过下去的日子。我的工作和家庭都很令人满意，我告诉他。

假如我今天和他对话的话，也就是六个月以后，我会说，尽管我的独身生活十分舒适，但是我担心我余生的生活就这样过下去了。工作和家庭没有问题，我告诉他，但是真相是，我渴望着找到一个出色和善良

的男人再婚。我还没有准备就绪，我会告诉他，因为你在我生活中仍然非常重要，但是我知道这会变化的。这正在变化。

我不知道米尔特是否会回答我：“是你采取行动的时候了。你应该结婚，不过他一定得是真正的好人。”

那个一月的晚上，我躺在那里思考着要告诉米尔特什么。我回顾起六个月以前，九个月以前，十二个月以前。自从一年前那个寒冬的早晨，我把土块撒到他的棺木上以来，我走过了一段长长的道路，从一个麻木不仁、不知道等待着她是什么的女人走了过来。

这是一个奇怪的夜晚———一种感情存货的清点。这是艰苦的一年，可怕的一年，但是我挺过来了。我还是很孤独，但不是每时每刻都这样了。我还是哭泣，但是越来越少了。我还是说“我们的”，我还是说“我们”。当我改正过来，用“我的”和“我”来代替时，我感到有点儿不自在——好像我是自我中心一样。

我还是把我遇到的每个人和米尔特进行比较，当然，没有人能比得上他。

我的大部分还是在回首，但是一个非常重要的部分在向往着未知、向往着未来。

离开了过去，我还是不能展望未来。我和米尔特的生活是如此的令人心满意足，我无法再想象其它方式的生活。但是我知道未来是新的、不同的，而且我几乎已经准备好了。

那个晚上，我第一次相信，总有一天我会从孤独和沮丧的阴影中走出来。和米尔特的“对话”是我从悲痛的深渊中走出来的里程碑。我并不是说，生活从此都是阳光和玫瑰了，但是这是无数前进步伐中的开始。

我知道，除非我能摆脱米尔特，我就没有未来。而这证明是非常困难的一件事。

很早我就开始做梦梦到他。开始他总是对我很生气，但是我不介意。和他在一起的这几分钟过的好极了，不管他是多么的别扭。我一直明白这是一个梦。当梦消逝时，我醒来后流泪不止。

到秋天的时候，我的梦开始变了。有一天晚上，他和我在一起的时候，不再是被癌症摧残得不像样了，不再皮包骨头，不再生气了，而是他原来的样子。从那以后，生气的米尔特偶尔会再次出现，但是越来越多的时候，我梦见的米尔特是他生病以前的样子。

当他在梦中不再对我生气时，我知道我把悲痛的一小部分给甩到身后去了。我觉得他的生气是因为癌症和迫近的死亡。

在他生命的最后一个月，我成了他生气的目标。他没有别的人可以发火。他知道不管他说什么，我总是会原谅他的。我知道他总得设法把他的怒气释放出来，我愿意做这个避雷针。我下定决心，永远不要显露出来他的怒气是针对我的，但是没有做到。过了好几个月，怒气冲冲的米尔特才从我的梦中消失，我才能从我那避雷针的角色中摆脱出来。

忍受一个人的怒气，特别是你爱的男人，对于一个女人来说是很艰难的一件事。密执安大学的心理学家詹姆斯·科因博士，对一组妇女进行了研究，她们“试图以掩藏自己的怒气，或者让步来让她们的丈夫摆脱烦乱，避免发生争吵。”他发现，这样一来，“使得丈夫感到更加自信，但是有三分之一的妻子变的非常消沉和焦虑，她们需要进行治疗。”我不需要治疗，但是我忍受米尔特的怒气消耗了我许许多多的精力，结果是，在他去世以后几个月里，我的梦中总是我那怒气冲冲的丈夫。

他去世以后的第二个春天，我做了一个我现在觉得是“神奇的梦”。我们在农庄里，只有我们两个。雪下得很大。房子里暖洋洋的，壁炉里炉火熊熊。房子里弥漫着我刚从炉子里取出来的姜汁饼的扑鼻香气。

突然米尔特和我到了门外。雪停了，太阳明晃晃的。我们在雪上滑着溜着，从山上向着溪流冲过去。我们手拉着手，笑着。到处是鲜花。矮树丛中，水仙花怒放。树木环绕着玫瑰和雏菊。这是一个幻境。那天晚上，我们采了一些鲜花放在餐桌上。

当我们回到房子里时，我们的手上都是鲜花。我告诉米尔特：“能有第二次机会和你在一起真好啊。”我完全清楚和他在一起意味着什么。这是一种美好的感觉。我知道这是一个梦，但是即使我醒来时，这种快乐和亲密的感觉仍然存在。

我再也没有做过这样美好的梦，但是米尔特在我的梦里仍然和我在一起。我最近的一个梦是，我们在农庄里和他的朋友唐纳德在一起。那是一个新的地方——一个浪漫的废墟——我们想探索的地方。我们在旧石头房子的残骸里徘徊着，想象着住在这里的是什么人，为什么会让它败落到如此地步。

然后我说：“既然我们只有这段时间在一起，让我

们在农庄作好准备过夏天吧。”我们三个人就去把椅子从地下室拿出来，把吊床装好，把游廊的隔板漆好，把冬天掉下来的树枝捡起来，收拾干净过夏天。我们干完以后，一切都整齐干净。我真希望在真实的世界里它也能像我梦中的世界一样好。

我还有很多事情想问米尔特。只是一些小事情，像“你把什么东西放在哪里啦？”或者“我该怎么干这个那个呀？”现在，我在睡梦里问了他这些问题，我没有得到回答，但是只要我问了我的问题，那些无足轻重的小事，不管是什么样的，都解决了。

我们可以这样来尽善尽美地分析梦，并且得出各种结论。我很满意地接受了它们。我知道，即使是在这些梦中，米尔特只不过是借给我的。我知道的非常清楚，所有那些我觉得必须问米尔特的问题，只不过是一种依赖他的方式。我还知道，我渐渐地学会了没有他也能过下去——总有一天，我再也没有什么问题可问了。我并不指望米尔特会一直在我的梦中出现，但是现在，每一个这样的梦都像一件礼物，是我非常想念的那些幸福时光的回归。

对许多寡妇来说，梦似乎是一个转折点。有两个女人，都是名人丈夫的寡妇——朱迪·贝勒希和萨利·

伯顿——告诉过我做梦的经历，她们都遇见了怒气冲冲的丈夫。和我的情况一样，这些生气的梦在一年之内被比较平静、更为现实的梦所取代了，他们的丈夫相当可爱，更像他们自己。有一个妇女告诉我她做的一个梦，她说，就是这个梦帮助她重新开始了生活。她梦见那是一个夏天，她正坐在游廊的摇椅上。她看见她的丈夫从前面走来，她跑过游廊的台阶去迎接他。“你到哪儿去了？”她问道，伸出双臂去拥抱他。但是扑了个空。

“我知道那是杰姆，”她告诉我，“我知道他在那里，但是当我拥抱他时，什么也没有了。

“当我醒来时，我哭了，但是在某种意义上，我很高兴。他回来看过我了。从那以后，我开始想，他不会喜欢我整天哭哭啼啼的，我应该试着振作起来重新生活。而这正是我在做的。”

不同的妇女有不同的转折点。作家蒙尼卡·狄更斯写道，她开车回家的路上，想起她丈夫病重的时候，她总是在路上开的飞快，因为她想回家陪伴他。而这时，她意识到：“现在我不用担心了……我蒙受的是无可比拟的损失，但是我也得到了自由。我得好好利用它。”

我还有其它里程碑似的经历，我把它们看成是恢复的迹象。有些是很傻气的。比如，米尔特和我偶尔会在晚上躺在床上看恐怖影片。当恐怖的场面出现时，我会靠到他那边去蜷靠在他身上。在特别血腥的时刻，每当我抓着他的手时他总要取笑我。

在他去世以后，我独自一人看恐怖影片是太可怕了。一天夜晚，我工作了一个晚上，上床之前我想看些轻松的东西。电视上的电影名字看上去是一个喜剧，但是它却是一个恐怖电影。我不得不在十分钟以后把电视关了，我害怕得都不敢从床上起来到厨房去喝一杯临睡前的牛奶。谁知道在卧室门背后的黑暗中潜藏着什么鬼影呢？

两个月以后，当我实在没什么可看时，我决定冒险看一场恐怖电影。而且我能在看完以后走到厨房去洗碗碟，连眼睫毛也没眨一下。这似乎是小事，但是对于我来说，它意味着在这两个月的时间里，我自力更生的能力增强了，变的比较勇敢了。

要摆脱某些事情、决定什么应该保留作为回忆、什么应该抛弃或放弃，是很难的。我听说过一个寡妇珍藏着她丈夫去世那天下午吃剩的苹果核。一直过了好几个月，她才恢复理智，扔掉了干瘪的残留物。当她扔掉以后，她特别的轻松。

“我痛恨让这个东西留在身边，”她说，“但是扔掉它我又觉得内疚。好像我把对他的回忆扔掉了。但是我最后决定，这不是一个回忆，只是一个干瘪的苹果核。”

有一个女人珍藏着他们应答电话上的磁带。“那上面有他的声音。这是惟一的有他声音的东西。在他去世以后，我再也无法使用它。我买了另一个机器来代替它。但是有的时候，我把它放回到机器里，就是想再听一次他的声音。

“磁带最后断了。我觉得很伤心，但是那时我明白了，我不能老是一遍又一遍的听它。那有什么好处呢？”

当寡妇面临着决定什么应该保存，什么应该放弃的时候，都必须问问自己这个问题。这些是让人心碎的决定。比如，对于一个寡妇，结婚戒指还应该继续戴多久呢？这个特殊的决定对于我来说——至少是暂时的——在米尔特葬礼那天就作出了。

戒指上的一颗钻石掉了，可能是掉在墓地了。我愿意想象它是掉在他的墓穴里了。

我一直到那天晚上上床时才注意到。

戒指现在珠宝店里，过去的十八个月它一直在那里。钻石镶上去了，但是我还没有去把它取回来。

当我把它取回来时，我不知道我是否要戴上它。一开始，在我头脑中不是问题。当然我得戴着它。我已经戴了三十九年了。不戴它我觉得有点儿失落。它实际上是我的一部分。但是现在？现在我没有把握我想把戒指重新戴到我的手上。

婚姻持续多久？誓言是“直到死亡把我们分开”。继续戴戒指是不是爱情和忠诚的象征？或者那是否象征着我不能接受米尔特的死亡，我的生活仍然以他为中心？

我不知道结婚戒指会不会让我将来可能遇到的男人丧失勇气——即使他知道我是个寡妇。他会不会觉得我仍然和我去世的丈夫割舍不断？那种情况可能永远不会发生，但是我承认，我曾经考虑过这一点。

农庄是另一个我必须作出的困难决定。我是否还要保留它呢？尽管我不愿意相信这一点，但是我到农庄去的时候，不像以前那样愉快了。

没有了米尔特，我在房子和田野上走来走去，不知道干什么好。我曾经为之骄傲的草药花园荒芜了。

百里香爬出了边界，迷迭香冻死了，因为我忘了在秋天把它挖出来放到屋里去了。或许我下意识地想忘记这件事。迷迭香是为了回忆的，而农庄的一切都充满了太多的回忆。

我本来以为我会在那里度过每个周末，但是那里不再有乐趣了。我到那里去的越来越少。自从感恩节以后，我一个月去一次，而且只是和监工核对一下情况而已。我在那里呆的时间不超过几个小时。

我觉得农庄再也不是我的安慰和平静的源泉了，那是为我们两个人准备的。现在它只不过是个义务。我不再觉得它是我生活中的一部分了。

这种情况也许会改变。我当然不会现在就卖掉它。那可真是一个重大的决定，我现在还没有想好。丽莎和她一家喜欢这个农庄，但是他们住在一千英里以外。米尔特和我一直计划着把农庄留给他们，但是我不知道现在他们觉得这是一种快乐还是一种负担。

另一个里程碑是，我最近居然能够承认，米尔特和其他普通人一样，也有他的毛病。有的时候，我很庆幸我是一个人生活。米尔特是一个不太耐心的人，他决不能忍受愚蠢或者粗心大意。

有一次我和丽莎外出买东西。我们俩钻出汽车就自动锁上了车关上了门——但立刻我们就意识到，我们把钥匙锁在车里了。我们俩商定——根本连一句话也不用说——我们永远也不告诉爸爸。我们知道在迫不得已的情况下，米尔特有把钥匙，他会来救我们的。但是我给警察打了电话，他们能替我们把门打开，我们永远不说的原因是，我们知道他会问，这两个所谓的聪明人怎么会这么愚蠢。而且要是我们请求他带钥匙来援救我们，我们就得没完没了的听他唠叨。

假如我现在再把钥匙锁在车里，我就会镇定自若，没有人会说我愚蠢。要是我犯了个错误，我不用承认我自己干了傻事。我只要对得起我自己就行了，知道这点真让人觉得轻松。

这让人听起来觉得米尔特是个怪物和魔鬼，吓坏了他的妻子和女儿。他根本不是那样的人。他是个心肠很软的人，愿意为我们做任何事情，他只是不太耐心。

在第二年里，我对生活中的改变比较容易接受了。实际上我还很欢迎它们。在第一年的绝大多数时间里，日子好像漫无止境。我有生以来头一次，觉得时间好像无边无涯。我有一种单调无聊和没着没落的厌烦感。而且我什么也不在乎。什么似乎都无关紧要。

所有的一切都变了，我也发生了改变。我应该说的更肯定一些，我觉得发生了转变。我对人有了更大的兴趣和感觉。我开始在个人视野以外进行展望，我也开阔了我事业的视野，要是可能的话，努力争取给世界留下一点儿好东西。

米尔特活着的时候，我坚持在我工作以外有我们自己的时间。我常常每周离家一两个晚上，但是我在家的时候，我是完全属于米尔特的，那是他的时间。

为了做到这一点，我必须在我独自一个人的时候充分利用时间。我上飞机时，从来是携带一个巨大的手提箱，里面装满了阅读材料——杂志，报纸，业务期刊，我的信件。我在穿行大陆的飞行中坐在那里阅读，撕下带回家的材料让秘书去归档，为将来的演讲做笔记，写我的专栏。

我知道有人坐在我旁边的座位上，但是我永远也说不清旁边坐着的是男人还是女人，或者是一条三个脑袋的鳄鱼，因为我的注意力太集中了。假如那个人试图挑起一个话头，我总是道歉说我有大量的工作要在飞行的时候做。

我也尽量避免和人们的随意交谈。我在电梯里很少花时间说几句问候的话语，或者交换几句关于天气的谈话。

我总是匆匆忙忙地赶往某个地方。

所有这些都改变了。米尔特的去世给了我充裕的时间，我比以前干得更多，也更努力了，但是我的自由时间更多了。现在我的晚上和周末都是自由的，而且我不再害怕它们难以打发了。现在我期待着这些时光，我常常是用工作来填满它们。我不再仓促地从机场赶回公寓，赶到电视台，再赶回机场，再赶到天知道的什么地方去。这些天来，我盼望着和我飞机上的邻座交谈。我在电梯里向人们问候，甚至和他们交谈。我盼望着结交我以前从来没有时间结交的朋友。我发现自己的交往越来越广泛。

我自己的悲痛使得我对人更加富于同情和理解，也更加敏感。它就像雷达一样。搜索着其他人的悲痛和苦难。我从自己的经历中体会到，即便是几句理解的话语，也能给人带来很大的慰籍，一掬同情的眼泪更能使人感到安慰不已。

与人的交往和锻炼是米尔特去世以后，我生活中所发生的两种最明显的变化。我们公寓中的游泳池和健身房是米尔特和我搬进来的原因之一。十六年以前，当我体重增加了好几磅时，我游泳把它们游掉了。这并不容易，但是这很令人愉快——而且非常有效。我最后达到了可以游上一个小时，燃烧掉六百至七百卡路里。我达到那个目标以后，我又给自己设定了另一个目标。我决定从纽约游到普林斯顿。那时丽莎正在那里上学。我在办公室墙上挂了一张地图，标出了五十三英里的道路。每个晚上，当我游完泳以后，就在地图上画上我的进程。我在地图上按比例标上了英里数，直到我到达普林斯顿为止。我减轻了重量和许多松弛的肌肉，我的衣服尺寸小了两号。

这个冬天的一个晚上，我独自一人待在公寓里，觉得无比的寂寞和伤感。我觉得我必须走出公寓。我决定到下面的游泳池去，这是今年的第一次。我发现我完全走了样——一个来回就让我喘不过气来——但是当我从游泳池上来时，我感觉好极了——清爽、舒畅，而且非常轻松愉快。自从米尔特去世以来，我还从来没有觉得这样舒服过。

我现在试着每周游四五次泳，我又做到能够游上一个小时了。我的新目标是游到衣阿华的达文波特，

那是丽莎居住的地方。这有一千英里，得花上几年的时间。我现在刚游到新泽西，但是我一个又一个的来回在前进。我发现，有一个目的地能刺激我多游一个来回。

我还开始利用练身房里的机器。我在脚踏车上蹬车；我划船；然后我奖励自己去游泳。

所有这些锻炼使我的感觉有了巨大的不同。而且我的身材也起了变化。我并不是说很完美，但至少没有变得更加糟糕。比起六个月以前要好多了。

锻炼不仅使我在身体上和感情上感觉好多了，它还使我觉得我在做一些有益的事情。我在关心自己的身体和我的健康。我还燃烧掉了足够的卡路里，能让自己吃几乎所有的好东西，还不会增加体重。

锻炼还让我认识了许多人，那些公寓邻居里的锻炼爱好者。我盼望着见到他们，和他们交谈几句。多年以前，当我“游向普林斯顿”时，我从来没有和游泳池里的任何人说过话。我集中精力一个来回一个来回的游，游完以后就上楼去陪米尔特。现在我游泳是为了快乐，而这种快乐的一部分来自我在游泳池里认识的熟人。你结交的每一个人，我发现，都能让你充实自己。

我还开始改变我的事业方向。我想把重点转向公众服务。自从米尔特去世以后，我有意识地关注起公众的所有需要——进行更多的癌症研究的需要，实施更多的救济院计划，让人们临终时能减少痛苦而维持尊严，在这个星球上逆转污染。

我努力促进在泌尿领域的研究，特别是膀胱癌，宣传这种疾病和它的病因。

明年秋天，我要到退休军人管理局医院去演讲。这是米尔顿·J·布拉泽斯医生永久年度演讲的第一课。能够设立这个演讲让我高兴非凡。

我还开始宣传反对抽烟。由于抽烟而造成癌症死亡的统计数字惊人。马克·格林，纽约城消费事务委员，在纽约时报的专栏版写道："每天一千个、或者每小时四十个葬礼之中，就有一个是为吸烟成瘾的人而举行的。"米尔特的葬礼就是其中的一个。

假如我能做什么来防止另一个男人因为吸烟而死于膀胱癌的话，我愿意为之而努力。不是为了米尔特——他已经死了——而是为了其他男人的妻子。女人不能因为香烟而成为寡妇。

在我的生活中有这么多的新东西，我发现自己精力十分充沛。日子像飞一样的过去。

忽然之间我发现，我整个一周都没有哭泣过。我明白了我在享受生活——随后我感到了内疚。但是不很严重，我没有理由应该内疚。

有人把悲痛的最后一个阶段称为“接受”，对它的定义是，能够没有痛苦地回忆起自己所爱的人。但是我觉得还不止这些。你只有从悲痛的阶段之中完全摆脱出来，才能重新投身于生活。我觉得我已经准备就绪了，尽管我有时还会被寂寞和渴求所压倒。有时我怀疑我的生活会不会像我和米尔特在一起时那么美好。然而，我知道，恢复是一阵一阵的，前进两步往往要后退一步。我的生活现在比十八个月前、十二个月前、六个月前要好多了，而且我知道它还会继续变得更好。

我的心里一直会有一个悲痛的角落。它怎么会消失呢？但是这不会妨碍我享受生活。相反，它会让我珍惜生活的每一分钟，因为现在我知道，这每一分钟是多么的宝贵。

我并没有什么与众不同。大多数寡妇会发现，悲痛是会结束的，生活会重新充满希望。社会学家海伦娜·洛帕塔研究了三百个芝加哥独自居住的寡妇，发现有百分之四十二的人觉得她们比生活中的任何时候都要自由和独立。

许多人有职业、爱好，或者在学习她们结婚时放弃了的学业。其他人积极投身政治，有的报告说，她们平平常常的过得很好——打桥牌，跳舞，旅行，结交新朋友。她研究多年的寡妇中，只有百分之二十的人说她们不快活。

我现在知道，我将会是快乐寡妇中的一个。

在米尔特去世后的第一年里，我一直生活在过去。

现在我放眼未来，我正在走向明天。

独居生涯

WIDOWED

第三部分 洞悉悲痛

悲痛使得我们很难受。但是我们每个人都曾经或将会失去我们所爱的人。我们应该而且能够互相帮助。

15 悲痛的不仅是你

从根本上来说，我们都是孩子。我们抗拒死亡的最终结局。悲痛使得我们很难受。但是我们每个人都曾经或将会失去我们所爱的人。我们应该而且能够互相帮助。我们的帮助是洒上一把同情泪，聆听他们的回忆、抱怨、忧虑和愤怒——就是让他们诉说。我们可以试着减轻他们的孤独。

不是只有寡妇和鳏夫才沉浸在悲痛中，饱受可怕的丧失亲人的孤独。根据国家科学院的统计，每年有八百万美国人经受丧失家庭直系亲属之痛。父母去世，孩子去世，兄弟姐妹去世，祖父母、姨母叔父去世，朋友去世，情人去世。

死亡偷走了我们大家的至爱亲朋，但是并非所有失去的亲人都是由于死亡。一个五十多岁或六十多岁离了婚的女人，丈夫抛弃了她去追求一个年轻的女人，她的悲伤和寡妇一样的深、一样的痛。有些男人和女人，父母或配偶患了早老性痴呆症，或者其它能摧毁大脑和个性的老年性残酷疾病，只留下了身体躯壳——一种活着的死亡，他们的痛苦也是一样的深。

在做了几次关于寡居和爱的丧失的演讲以后，我开始明白了，我们所能给予别人的帮助是多么的可怜。我曾经期待着我的听众能成为和我一样的寡妇。可事实远非如此。还不仅是寡妇，还有丧失了父母的中年男女，失去了好朋友的人，离了婚的人，以及那些情人离开了的女人。我发现听众中的许多人是独自默默地在含悲忍痛，因为其他人不明白或者不理解他们悲痛的程度。

比如，当一个男人的母亲去世时，尽管人们向他表示慰问，但他们却期待着那个男人在葬礼以后就得振作起来，像往常一样工作。不管他的极度悲痛使得他有好几个月无法像往常一样运作，不管他是否得经历和一个寡妇或者鳏夫一样的悲痛阶段，也不管父母死亡的压力

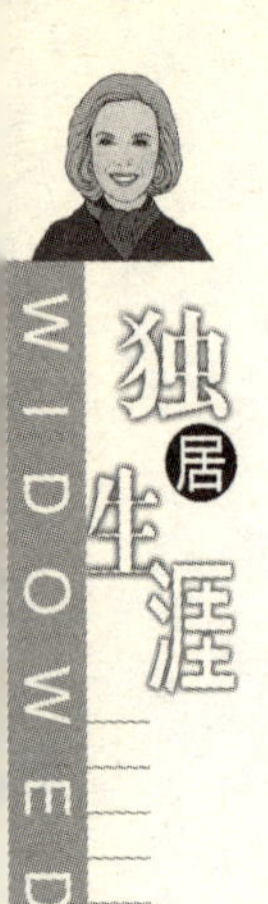

有多么巨大。

我们大家必须对别人的悲痛要敏感一些。

我甚至是在米尔特去世七个月以后，才意识到我的女儿对他的死有多么悲痛。在米尔特刚刚去世的时候，丽莎一直是非常的善解人意和坚强。我不知道要是没有她我怎么能挺过来。但是我沉浸在自己巨大的悲痛里，从来没有想到过她有什么样的感觉。我知道她是伤心的，痛哭不已，但是我不知道她真正的极度悲痛达到什么程度。

我一直遗憾我太专心于自己的丧亲之痛和自己的感觉，我没有理解父亲的死对于我的女儿是个多么大的打击，我没有试着去安慰她。

那是一条单行道，她给了我，而我就接受了下来。

当我们开始谈论我们是多么怀念米尔特的时候，我惊奇地发现，她也经历了愤怒和非常孤独的阶段。她的感觉在许多方面和我的是一样的，尽管她愤怒的方向有些不一样。

开始，她对医院对待她父亲的方式非常愤怒。她觉得米尔特应该受到更加个别和更加细心的治疗——特别是因为他多年来一直是医院的工作人员，他自己对医院就给予了许多。

还有一点，她说，她曾经希望把他带到衣阿华她的家里去。她相信达文波特的医院会比西奈山要热情和细心。

她还生气的是，医院里的工作人员似乎没有照顾到她或我的感情。没有人花点儿时间来告诉我们米尔特的治疗情况，或者他们计划下一步该怎么办，他们甚至没有告诉我们他是一个好病人。或者告诉我们说他非常勇敢——因为他的确很勇敢。

丽莎非常惊讶的是，她父亲去世以后她有一种非常孤独和被抛弃感。“不管怎么说，”她说：“我有埃米尔，有四个孩子。阿里尔是爸爸去世前两天才出生的。很难让人相信，你手里抱着一个刚刚出生的婴儿会感到孤独，但是我的确感觉到了。”

我很容易就相信了这一点。丽莎一直是爸爸的小女孩儿。她和他很相像，她具有同样的思维和个性，甚至连身材也很相像。我记得有一次她六岁时，我遇见一个邻居，她说：“我刚刚看见米尔特蹦跳到大街上去了，带着一条发带，穿着一件小小的蓝外套。”

在她的生活中，米尔特对丽莎就意味着是家。她并不总是知道我在哪里，但是米尔特是一直在她身边。他的办公室欢迎她的造访，而且他每天晚上回家。尽管我

很细心地留下了和我联系的电话，并且每天晚上打电话回家，这总是不一样。她不愿意为了家庭作业而打长途电话向我求援，或者从学校回家以后在电话里和我聊天，因为她知道我很忙。丽莎和我很亲密，但是我们的关系和她与米尔特的关系不一样。米尔特很宠爱她。他总是为她而感到无比的骄傲，而这又给了她一种重要感，增强了她的自信心。他常常告诉她，他一直相信她能作好任何事情。她告诉我，她总是觉得很安全，因为他认为她是个出色的人。

“我非常怀念和爸爸的谈话，”她告诉我。“我仍然发现自己伸出手去想给他打电话——而后才想起来，他已经不在了。这还会让我泪流满面。”

开始，所有的回忆都是痛苦的。但是现在，一年多以后，美好的回忆涌现了，她从中得到了很大的快乐，尽管她仍然感觉到丧亲之痛。不久之前，她告诉我，她知道他在某些场合下会说些什么，而她会替他说出来。“这让我觉得和他很亲近，”她说。

我笑着拥抱了她，说：“我也这么干过。有几个晚上我走进公寓时会说：‘这儿太热了，’接着就把温度调低了。”

“但是你老是抱怨太冷啊，”丽莎说。

“我知道，但这就是我刚才讲的意思。我总是觉得冷，但是我变了。有时我觉得我好像变成了你父亲，现在常常说些他会说的话。”

“我还是很孤独，”丽莎说。“我想我会一直孤独下去的。”

我相信她会的。没有什么可以取代一个父亲对女儿无条件的爱。我仍然非常怀念我的父亲。很少有一天我不想到他。

“尽管我结了婚，有了孩子，丈夫非常爱我，当我父亲去世时，我知道再也没有人会爱我像我父亲一样了，”一位妇女告诉凯瑟琳·唐纳利，这个丧亲之痛的权威。

“当你失去双亲时，”另一位妇女说，“你失去了永远无法替代的人。要是你丈夫去世了，你可以再婚。要是你孩子死了，你可能还可以生一个，但是你只能有一个父亲和一个母亲。”

简·布罗迪，纽约时报健康专栏作家，对她父亲的去世这样写道：“自我出生以来，在世界上比谁都了解我、无条件地爱我和赞美我的人走了。”

也没有什么可以取代母亲的爱。然而，一个女人对于母亲去世的悲痛是比较复杂的。女儿——母亲的关系

有许多方方面面。在女儿成长过程中，母亲和女儿所经历的感情阶段，要比父亲和女儿所经历的要多。虽然女儿一直是爸爸的小女孩儿，她成长起来就是妈妈的伙伴儿。

一位妇女告诉我，她直到结婚和有了自己的孩子以后，才真正感激她的母亲。

“那是清晨两点钟，”她说：“我从半夜开始就抱着肚子疼痛出生四个月的孩子在地板上走来走去，还得给他换脏了的尿布。我精疲力尽，差点儿自己也哭了起来。忽然，我想，妈妈就是这样和我一起过来的，她肯定像我现在的感觉一样。

“我早上给她打了电话，告诉她我是多么的爱她。她是我的母亲，也是我最好的朋友。”

很少有人写过成年孩子失去父母的文章——然而，父母——孩子的关系可能是实际存在的最紧密的纽带，每年成百万的成年人失去父母一方。

应付父母的死亡是成年人生活中最重要和最困难的情感工作之一。

南加利福尼亚大学社会工作学院的安德鲁·沙拉克教授，在过去的五年中，研究了二百二十位失去了父母一方或双方的男人和女人。

“他们中许多人说他们觉得像个孤儿。”他报告说。

这组人中几乎有一半儿人告诉他，他们在母亲或父亲去世以后，有好几个月很难入睡，处理日常活动都很困难。有三分之一以上的人说，他们常常想念父母，而且一想起来就哭。

父母的死亡也是令人苦恼的，因为这是你自己死亡的首次宣告。就像危机紧迫的征兆一样，意思是你也会死的。“当父母去世时，在你和死亡之间没有别人了，”沙拉克教授解释说。“忽然你就是接替上来的下一代了。”

父母的死亡可以影响成年孩子的健康，特别是儿子的。男人比女人更容易在父亲或母亲去世以后死于意外事故、心脏病、癌症和传染病。这些健康的灾难在第一年最常见，但是对意外事故和疾病的易感性可能会持续六年。

父母的死亡还会带来一种特别的情感痛苦，会辐射到成年孩子生活的各个方面。“不管父母的年龄多大，”精神病学家詹姆斯·霍奇，原东北俄亥俄州大学医学院精神病学系主任说：“父母的死亡释放出一种紧张情感流。不仅仅是悲痛，而且常常是深深的愤怒。”

几乎每个失去了亲近者的人都经历过同样的愤怒。

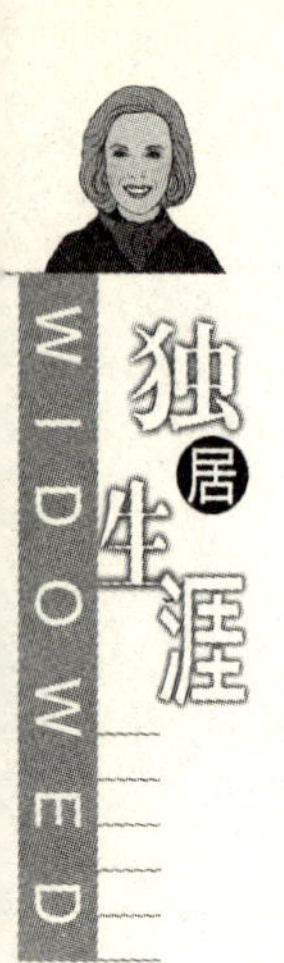

这是一种被那个人抛弃了的愤怒："你怎么能离开我！"

这种愤怒和悲痛的结合是爆发性的，不能无限期的压抑，霍奇博士说。"当爆发来临时，情感常常是针对最方便的目标——丈夫或者妻子。这种错发的愤怒可能会在婚姻中导致一种逐渐扩大影响的开端。"愤怒还会针对工作地点的某个人——比如一个男人的雇员，或者晋升的对手——常常会带来不幸的结果。

内疚也许会混合在愤怒和悲痛之中。大多数成年的孩子，因为没来得及在父母去世之前说的话，没来得及为他们做的事而感到满心的后悔。他们希望他们能表达出更多的爱和感激。他们希望他们没有不耐烦过，或那么尖刻过，或曾经多去看望父母几次。所有这些没有完成的事情折磨着他们。他们想，假如我做了这个……假如我说那个……。

这种内疚会侵蚀成年的孩子，除非他或她能妥善解决。有些治疗专家建议，给死去的父母写一封信，详细说明他或她对你是多么的重要，你是如何的遗憾没有常常表示出你的爱。你也许愿意把对他的感情录到磁带上去。重要的是把感情发泄出来。

一旦它们被表达出来了，它们就比较容易应付了。

那些试过这种方法的人报告说，他们感到他们直接和死去的父母说了话，他们的母亲或父亲理解了他们的感觉。其他人发现，一旦他们列出了所有他们感到遗憾的事，他们意识到事情还有另外一个方面，他们为父母做了许多很好的事情。

年幼的孩子在父母或者祖父母，同胞兄弟姐妹或者朋友去世时所遭受的磨难，要比许多人所设想的多。要知道一个孩子了解多少，或者他的感觉如何并不是一件容易的事。死亡不仅是可怕的，它是一种小孩子不能掌握的概念。

应该教育孩子了解死亡。实际上，我们在没有意识到的情况下，大多数人和孩子们玩过引入死亡概念的游戏——躲猫猫。用自己的手遮着自己的眼睛，然后把他们带开，孩子就象征性地死去一会儿，然后又安慰性地活了过来。躲猫猫这个名字，根据心理学家阿达·莫勒的说法，是从古老的英语字引伸出来的，意思是“死或活”。

孩子对于死的好奇心是很少能满足的。许多做父母的觉得，应该和孩子谈谈死亡。结果是，他们让孩子沉湎在他们自己的恐惧和想象中，要比现实更加可怕。假如一个和孩子很亲近的人去世，孩子会担心，要是那个

做的父母会死，那么他们的父母也会死。以后谁来照顾他呢？假如一个哥哥或姐姐死了，孩子就会更加害怕。他感觉到了灾难。或许他也会死去，他们就会把他装在盒子里，埋在地底下。

假如孩子的父母对于死亡的事实很坦率的话，大多数的孩子会接受他们自己和别人的死亡。假如父母平静诚实地谈论死亡，孩子就会知道，死亡是生活的一部分。

蹒跚学步的孩子们会认真听着你告诉他们爸爸去世了，然后他们会问："爸爸什么时候回家啊？"你就解释爸爸永远也不会回来了，因为他死了。孩子似乎理解了，你会听到她告诉玩伴儿或者邻居"爸爸死了，他永远也不会回家了。"

但是第二天她会问："为什么爸爸不想回家啊？"这要花很长的时间，很多的耐心和感受性，来帮助一个学前儿童掌握死亡的结局。

这正是我那三岁的外孙女利利的情形。

一天下午，当丽莎和我及利利开车去幼儿园接塔尔雅的时候，利利问我为什么外公死了。

我很快地思考着。我不想说他死了是因为他太老了，假如我告诉利利她外公因为是太老了而死，那她就会担心我也会死。或者她的奶奶。对于一个三岁的孩子来说，所有的成年人都是很老的。

我也不想说她外公去世是因为他病得很重。这对一个孩子来说也是很可怕的。任何时候妈妈或者爸爸发烧头疼，或者胃不舒服，恐惧就会降临。妈妈生病了。妈妈可能会死。对利利来说，让她感觉到父母死亡的可能性；甚或她活着的祖父母死亡的可能性，都不太恰当。

因此我告诉她："外公去世是因为他吸烟吸的太多了。"

我觉得这样说是最安全的。首先，这是真的。其次，既然她母亲和父亲都不吸烟，就不会产生他们可能死亡的任何恐惧。

几周以后，我很高兴我选择这样一个解释。丽莎打电话告诉我，利利正在经历一个非常困难的阶段。她半夜醒来哭泣，她做噩梦，梦见凶恶的妖巫在杀人。假如我说外公是因为癌症和病重去世的，那就会增加一层学龄前儿童的恐怖，这对她来说是很艰难的。

有的成年人企图回避事实，告诉小孩子们说"爷爷在睡觉"或者"奶奶出远门了"或者"上帝喜欢爸爸，把他带到天堂陪伴他去了"。所有这些好心的解释只会增加孩子的恐惧。他们看见父亲睡觉就会担心他会像爷爷

一样消失。或者当妈妈到医院去生孩子时，他们害怕她永远也回不来了。至于上帝把一个人带到天堂去了，这是非常吓人的。他也许会带走妈妈或者爸爸，然后我怎么办呢？

虽然利利不断地提出有关外公的问题，以及他为什么会死，让她掌握死亡的概念还是花了很长的时间。她常常询问外公什么时候来。丽莎不断地解释，外公死了，他永远也不会再来了。

有一天，丽莎听到她对洋娃娃说："外公死了。他不会再到我们家来了。"但是五分钟以后，利利找到她妈妈问："我们能到外公家去看他吗？"让一个小女孩掌握死亡的最终结局要花很长的时间。

现在她三岁半了，利利似乎接受了外公再也不会回来的事实。她最近对全家福的照片很感兴趣，每次看到米尔特的照片，总是兴高采烈地说："那是外公！"随后她会很悲哀地加上一句："外公已经死了。"

米尔特去世时，塔尔雅五岁。一个五岁的孩子通常知道死亡是最终的结局。

塔尔雅似乎很容易地就接受了米尔特的死亡，但是她仍然很想念他。那是一个伤心之源。最近，丽莎告诉她，我正在写一本关于失去了你所爱的人是什么感觉的书，她问现在已经六岁的塔尔雅："你当时是什么感觉？"

"我很伤心。"

"你为什么觉得你很伤心呢？"

"因为我想念他，"她实事求是地说。

"我也想念他，"丽莎告诉她。"

"告诉我，你为什么想念外公？他有什么特别吗？"

塔尔雅想了一想，然后她说："我想念他是因为他让我觉得自己很特别。"

当丽莎告诉我的时候，我们俩都掉泪了。

他让我们大家都觉得自己很特别。

七岁至十岁的孩子会有满肚子的问题——许多问题对于活着的父母一方是很难应付的，像"爸爸在地底下冷不冷？""下雨时他会淋湿吗？""他会变成骷髅吗？"那是些非常具体的问题，听起来毛骨悚然，这都是为了吸收死亡这一事实，理解死亡，使它变得真实。对这些问题的回答应该直截了当，实事求是。

有些人觉得，因为这些问题常常很可怕，孩子并没

有哀悼或者想念死去的人。但他的确是在哀悼或者想念。我们必须理解，一个孩子的哀伤是一时一时的，不管小孩子是三岁或者十三岁。他会在某一刻伤心得绝望，躲在自己的房间里独自呆着；而过了一会儿，他会跑出大门，和朋友们又跳又叫。这种生活中哀伤和快乐的交替是正常的。

这不是没有思想，不是无情无义。

我知道我那十岁的外孙很想念他的外公。他们一直非常亲近。迈克知道米尔特病得很重。实际上，有段时间他和我们待在一起的时候，我在早上五点钟把米尔特送到了医院的急诊室。即使是这样，他外公的去世还是一个打击。不管怎么说，他从来没有想到过米尔特真的会死。他认识的人中以前还没有人死亡。

让不让迈克去参加他外公的葬礼，丽莎盘算了很长时间。最后她决定，她不想剥夺他哀悼的权利，或者好像低估了他的悲伤。

我同意丽莎的意见。大多数专家强调，假如孩子们不参加葬礼仪式，不带他们去拜碣公墓，他们很难接受死亡这个最终结局。

她还决定不让女孩子们参加葬礼。她觉得让利利和塔尔雅从衣阿华飞到纽约，在殡仪馆坐着过完整个仪式，穿戴好坐在车里到公墓去，然后在最后的墓边仪式中，在一月的冷风中度过半个小时，实在是太过分了。我也同意她的意见。旅行路途太长，动荡太大。她们会被整件事情弄得不知所措。

假如她们住的离城市比较近，我会建议她们参加殡仪馆的仪式，然后过一两天，到公墓去拜碣他的墓地。几个月后，在墓碑揭幕后，我们带她们到她们外公的墓前去拜碣了一次。那时，新土已经被草皮覆盖了，没有什么可怕的东西。

但是迈克一直在那里，在殡仪馆和墓地。尽管葬礼对于他是一个艰难的经历，但是他看到了我们大家被情感压倒了。四周是伤心得痛哭流涕的外公的亲戚和朋友，他明白了他自己的感情是正常的。他的悲痛和成年人很相似，但是我怀疑这种悲痛可能更加尖锐，比大多数的哀悼者更加强烈，因为这是他生命中的第一次死亡，而且死去的人非常喜爱他。

葬礼以后的几个月，丽莎常常和她的儿子谈起她的父亲，以及她在迈克这个年纪，他们一起做过的事情。她鼓励他回忆他和外公一起的时光。当他们谈到他对于他

们俩的意义时，他们常常一起流泪。她觉得，继续强化悲伤和流泪是非常正常的这一课，对孩子来说非常重要。

当我最后打起精神把米尔特的衣服打包送出去时，我把他的一些东西寄给了丽莎，我觉得迈克可能会喜欢的。那是米尔特常常在农村里戴的一顶皮帽子和一条羊毛围巾，以及一些天文书籍。

丽莎和迈克一起打开了包裹。在他们打开时，迈克开始哭了起来。丽莎告诉他，失去一个你非常喜爱的人是很难受的。她解释道，即使当你失去一个你爱的人而感到痛苦，但热爱人还是非常重要的，爱是你能给予别人的最佳礼物。他的痛苦显示出了他是多么爱他的外公。

迈克在那个冬天一直戴着那顶皮帽子和围巾。天文书籍放在了他的书架上。过些日子，我打算把米尔特的望远镜给他，这样他就能观察他所阅读过的星星了。我知道他会很宝贝它的。或许有一天，他会把这个传给他的儿子，或者孙子。

我的外孙们现在接受了他们外公的死亡。他们已经把这一点溶入了他们的生活。他们仍然谈论他，想起他，但是悲伤正在消逝。

不久以后，就只有快乐的回忆了。

这理当如此。

从根本上来说，我们都是孩子。我们抗拒死亡的最终结局。悲痛使得我们很难受。但是我们每个人都曾经或将会失去我们所爱的人。我们应该而且能够互相帮助。我们的帮助是洒上一把同情泪，聆听他们的回忆、抱怨、忧虑和愤怒——就是让他们诉说。我们可以试着减轻他们的孤独。在下面两章中，我所建议的方法可以让失去亲人的人帮助自己来对付他们的悲痛——还有别人如何来帮助他们。

16 试试这样做

★ 控制你自己的生活

★ 避免仓促的决定

★ 计划未来

★ 维持你的日常生活秩序

★ 事先安排好假日、纪念日、周末

★ 走出家门

★ 和孤独斗争

★ 善待自己

★ 锻炼

★ 自慰

★ 想哭就哭

★ 认识药片和酒精的作用

★ 检查你的进步

米尔特去世以后，我一直心神不定。我真的不知道该怎么办。我生活的结构被破坏了。幸运的是，我一直在工作，讲课、电视节目和征稿的请求连续不断。否则我恐怕会一直呆在床上，用被子盖着头，让时光流逝。至少那是我觉得我会去做的事情。

即使是一个能够确定悲痛的阶段、并且了解自己感情的心理学家，她和其它失去丈夫的女人是一样的痛苦。尽管知道孤独是悲痛的一个主要组成部分，那也没有什么实际的意义。

每个寡妇自己就能认识到这一点，而她仍然很孤独，就像她是在一个杳无人迹的星球上一样。

我收到过许许多多的来信，像下面这些话："我丈夫六个月前去世了，我非常痛苦。我真不知道该怎么活下去。告诉我，布拉泽斯博士，你是怎么应付过来的？你能帮帮我吗？"

读过这本书的人现在都明白，我在对付自己的悲痛上，并不比任何一个寡妇好多少。但是我在过去的一年半中明白了，寡妇有很多方法可以帮助自己。我整理了一些建议，就是寡妇如何避免面临的一些陷阱，以及一个女人在丈夫去世以后，如何应付接踵而来的问题。有些可以帮助你感觉好一些——即使是暂时的。有些可能根本解决不了你的问题。但凡这本书对你能有所帮助，我就非常愉快了。

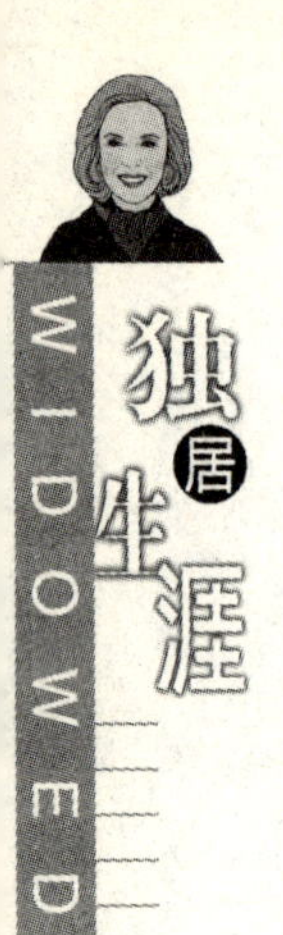

控制你自己的生活

别让别人来接管你的生活。别让你的孩子或任何人介入、并且试图来主宰你的生活。别让他们管理你的钱，或者你的事务。常常有些亲戚，有的时候是朋友，以为他们比她本人更清楚，寡妇应该如何生活和管理事务。其实情况很少是这样的。

当你的儿子或女儿把你的支票本接管过去，支付你的账单，为你做收入税的报表时，起先你也许会很感激，但是除非你是真的无能为力，你应该在一两个月以后对他们表示感谢，说你现在感觉自己能处理这些事务了。你也许不喜欢支付账单，轧平支票本，但是应付这些小事并不很困难。假如纳税是个问题，那就请求会计师或纳税专家的帮助。假如你已经过了六十五岁，大多数社区有当地老年居民团体开办的申报免税的业务。

为什么我要说这一点呢？放弃对自己生活的控制，让你自己变成你孩子的孩子真是太容易了。

但是你不是个孩子。你是个成年人，你应该有权利作出自己的决定，这就让我想到了另一点。

避免仓促的决定

根据经验，寡妇至少在丈夫去世以后的一年之内，不要作出重大决定。显然，有的时候是不可能的。可能会有经济上的考虑迫使你在葬礼以后的几周内就作出决定。在那种情况下，试着听取最好的建议。

你或许会发现，你那成年的孩子，你的兄弟，你的姐夫，也许还有家庭的其他成员，会告诉你应该怎么做。这都没问题。仔细地倾听他们所说的，记下来，但是不要仅仅依靠你的家庭。他们是出于好心，但是他们可能并不是特定情况下最好的信息来源。

在作出重大的决定时，像出售房子，购买一套公寓，投资人寿保险，出售股票等等，我是极力主张你在听取家人建议的同时，也要听取专业人员的建议。

和你的律师、你的银行家、真正的朋友、或者会计师（如果你没有的话，请你的律师或者银行家推荐一个可靠人的名字）讨论悬而未决的问题。当你听取他们的建议时，要思考你所了解到的一切情况，然后照你认为最好的方法去做。这是你的生活，从现在起如何生活应该是由你说了算。

但是假如你能够避免的话——不要出售你的房子，不要搬家，不要购买大件，不要作出重大的决定。

把一切都推迟一年。

计划未来

年老的寡妇应该检查一下自己的身体情况，要作一个估计性的决定，即她认为还能靠自己生活多长时间。你的家庭医生可以帮助你作出预测。不管怎么说，去看医生作一次检查是一个好主意。他会非常坦率地告诉你，何时需要改变你的生活条件，以及改变是否是个明智之举。这就给了你计划的时间。

退休社区如何呢？将来到老年之家去好吗？还有什么其它的选择吗？找个住在一起的陪伴，或者去社会福利之家呢？你愿意和你的一个孩子一起住吗？那个孩子能给予你照料，并且关注你的需求吗？

考虑你的选择和进行调查的时候是现在——在你需要作出选择之前。

维持你的日常生活秩序

许多寡妇对于丈夫的去世非常震惊，以至于摒弃所有的事务于不顾。有些女人报告说，在葬礼后好几个月，她们好几个小时一直坐在电视机前直到节目结束，几乎没有意识到屏幕上的内容。这种行为会导致严重的沮丧，使你的悲痛持续好几年。

你也许会觉得一切都了无生趣，但是要强迫自己按平时的作息时间起床，按平时的作息时间睡觉，外出购物，打扫房间，像往常一样做家务。这是悲痛的一种早期治疗。开始的时候，当你觉得生活好像被瓦解了的时候，以前的秩序会提供一个框架，在你觉得自己支离破碎而难以挪动时，帮助你一步一步的迈出去。

假如你是星期一和星期五吸尘，星期三打桥牌，星期六早上去理发店，那就维持你的日程，直到有个理由进行改变时为止。

你最终会改变的，但是在你觉得自己稍微能进行控制之前，牢牢地维持老的秩序。我是从我母亲那里学到这一点的。当我父亲去世时，她的生活发生了巨大的变化，她从一个在丈夫的律师事务所里每周工作五天忙的不可开交的律师，变成了一个无所事事的女人。

幸运的是，这一切发生得并不是很快。关闭事务所就花了好几个月的时间，在这忙忙碌碌的几个月里，应付着所有的琐碎细节。这可真是好事，让她按照老规矩往城里跑，整天努力地工作着。

但是当事务所最后关闭了以后，我母亲开始了一种完全不同的生活。她接受了生活永远不会再和以前一样的事实，并且立刻转变成了一种闲散的生活。她知道，除

非她活跃起来，生活就不会快乐，因此她调整活动来填满她的日子。她不再每周采购一次，而是每天为三顿饭采购。她可以打电话订购送货上门，但是她却喜欢外出选购五个芽的芦笋，莴苣头，羊肉，以及她想要的草莓。她从肉店到面包店到朝鲜蔬菜店，在她选择午餐和晚餐时，和邻居以及店主聊着天。她还开始每天下午玩牌，这是她以前工作时很喜欢、但从来没有时间去干的事。她是个快乐的女人，而有些快乐起源她为自己所计划的日程。

她很容易就适应了这个日程。

但是她承认，一夜之间，从一种生活方式转换成另一种方式是相当艰难的。

事先安排好纪念日、假日和周末

传统的“特别”日子是个地狱，尤其是在第一年。

纪念日或许是最糟糕的了。它们带来了甜美亲密的回忆。假日总是充满了欢乐，常常是一个家庭聚会的时光，而你和你的丈夫是核心。现在你强烈的意识到他的离去，你会觉得，你不再是他活着的时候家庭星座中的一颗重要的星星了。以往周末是你们在一起相聚的时间，现在是空虚难耐的时光了。

你无法把这些日子变成快乐的时光，特别是在第一年的时候你是独自一人，但是你能让它们容易度过。诀窍就是事先计划。

列一张对于你最有意义的纪念日和假日的单子，然后计划打算如何度过。最好的办法是让你的周围都是人。这会有极大的帮助。米尔特去世以后的第一个感恩节，我邀请了十八个人到农庄来过感恩节周末，这就是说，我们有一个十九个人的感恩节晚餐，这意味着我会忙得没有时间伤心。也许，会有几滴眼泪，但是这四天在忙乱中过去了。忙乱于工作有许多要说的话，这就成了让你的思绪离开自己的手段。

没有家庭，或家人住得很远不能来过假日的寡妇，应该试着和朋友一起度过这些日子。假如这不可能，那就和单身的人们一起过节。

我认识的一位寡妇就是在教堂里度过了过去的五个感恩节，帮助做些给穷人分发火鸡晚餐的工作。她整天忙碌，帮着烹调，分发，随后收拾打扫。“我没有时间流泪，”她说，“每年我都意识到，世界上有许多人比我要孤独得多。”

假如你知道有人单独过圣诞节或者感恩节，那就请他们和你一切晚餐。召集三四个人，烧一顿传统的饭，摆

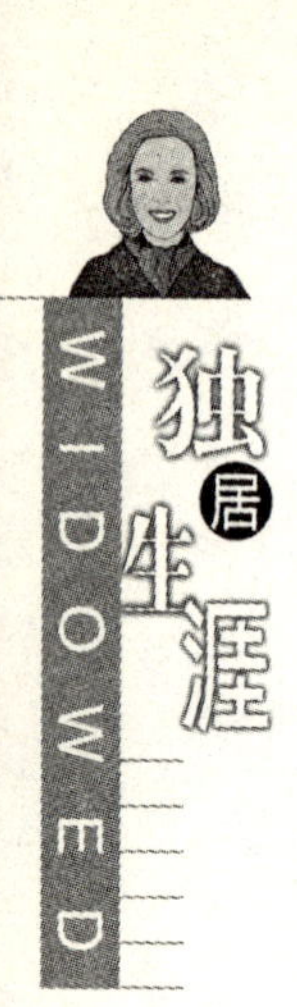

上一个节日的桌子，尽你最大的努力让他们过一个愉快的假日。你会发现时间很容易打发掉。

大多数纪念日是不能和别人分享的。在米尔特去世的纪念日，我试着像往常一样度过，但是我事先计划好让它过得顺当一些。我让许许多多预约的会见填满了一整天,几乎没有时间让我喘口气。

当我回到家里时，悲伤和眼泪就再也忍不住了，但是我设法挺过了那一天，没有整天沉湎在悲痛里。

在主要的假期，像圣诞节和感恩节，或者重要的纪念日里，不要企图逃避而去参加一个旅游团，那是大错特错。这看上去似乎是一个理想的选择。不管怎么说，外出让自己处于新的人群之中，看看新的景色，有些新的阅历有什么不好呢？而实际上，没有比这更糟糕的了。

寡妇们告诉我，在她们那豪华的旅游中，她们非常伤感。她们在一生中从来没有感到如此孤独过。和旅游团一起的问题是，旅游者的名单通常分为年轻夫妇，年老夫妇，无人陪伴的女人——寡妇、离婚者和单身女人。这样的分组强化了寡妇作为一个二等公民的感觉。夫妇们是一起用餐的；寡妇单独用餐或者和另一个寡妇或者无人陪伴的女人一起用餐。在陆地上观光时，夫妇和夫妇之间是相互吸引的；而寡妇单独行动，或者和其他寡妇做伴。晚上夫妇们一起饮酒或者一起跳舞。尽管许多旅游线路为无人陪伴的男士提供免费旅游，让他们作为跳舞的伙伴来进行回报，但新寡的人不喜欢跳舞。假如她跳舞的话，她也知道，她的伙伴只是为了完成任务而来和她跳舞的。当她看到成双结对的夫妇们在尽情享受时，旅游只会使寡妇更加意识到她失去的是什么。

要过了这么两三年，你也许会发现旅游很有意思，但是别在你丈夫去世后的头一两年里冒这个风险。

周末是很难对付的，因为周末太多了。我告诉她们每次要计划一个月的周末。别等到星期五的晚上悄悄到来时，你才明白在今后两天里你得独自度过，没有什么快乐的事情可干。

取出你的日历，写下你在下一个月中计划如何度过每个星期六和星期天。你可以在星期六上午到购物中心，打扫屋子，在花园里干活，烹调。星期六下午你可以计划去打高尔夫，去散步，花上一个小时给朋友和家人打电话，到图书馆还书。星期天上午你可以到教堂去——即使你不是定期到教堂去的，我建议你在丈夫去世以后的头几个月中去参加弥撒，假如没有其它理由和别人呆在一起的话。在宗教的气息中，你也许会找到安慰，也许找不到，但是你能为自己所做的最好的事情之一

是，你可以外出和其他人待在一起。

有一个寡妇自愿在星期天上午做一个部长六个月婴儿的保姆，这样他的妻子就可以参加弥撒。她从中获得了双重的回报。首先，她喜欢婴儿，在她怀抱婴儿的这两个小时内是纯粹的快乐。其次，部长和他的妻子总是带回几个教区的居民和他们一起晚餐。当然，这个寡妇总是包括在内的。

或许你可以在星期天下午留出几个小时给朋友写信，给表示慰问的哀悼信回信。邀请一个朋友或邻居来喝茶、饮酒或晚餐，作为周末的结束。然后，要是你喜欢坐下来看星期天晚上的电视节目的话，那很好。

我并不是建议每个寡妇的周末都要这样排得满满的，这只是一个启发，帮助你考虑如何填满这些日子。这需要思考和想象。

我并不是说，保持忙碌就是治疗悲痛。假如那么容易就好了！但是保持忙碌会让你从悲痛中得到一个暂时的休息，会帮助你卷入到世界中去。

走出家门

想方设法走出家门，即使你并不想这么做。卷入到政治中去，参加妇女俱乐部；学习如何和聋哑孩子打手势；自愿做些工作；参加一个急救班；学习字符处理；自愿在图书馆、医院、福利之家和博物馆工作；找一个有工资的工作。

找些事情做就会让你走出家门，至少是几天或者一周。

寡妇常常愿意呆在家里作茧自缚。别对惯性让步，振作起来走出去。我不是建议你让自己处于一个忙碌的、无休止的日程之中，也不是建议你彻底改变你的生活。还不到那一步。但是我的的确确知道，振作起来外出比守在家里要好。

我反对参加旅游，但是时不时的离开一个周末会出现奇迹的。只是不要回到你和你丈夫一直去的、并且过得非常愉快的地方。那会让你感到伤感的。

做些不同的事情。到大西洋城玩角子机，在风景地给自己预定一个小旅馆，你可以在乡村里滑雪（学习是永远不会太晚的），或者步行，或者购买古玩，然后在晚上回到旅馆里，在炉火边和其他客人一起喝上一杯。奥特朋协会有一个观察鸟的周末活动。环境学家在东西海岸发起了周末观察鲸鱼的旅行。到波士顿、新奥尔良或者旧金山去观光两天。旅行社有几十种各种价格的项目。调查一下老年旅馆的条件（到图书馆去查）。

换换景色和地点是非常有裨益的，不仅是因为你见到了一些新东西，而是因为你将开始建立起你自己的回忆，和你丈夫无关的快乐时光的回忆。这是格外重要的。

我有着和米尔特一起的幸福回忆，我永远也不想失去其中的一丝一毫。但是我的生活并没有停止。我仍然活着。我愿意把更多的幸福回忆存储起来。创建一个新的宝贵的回忆会使你的生活更加满足，让你变成一个更有趣味的人。

假如旅行没有问题，走出家门就会很有帮助。做一个购物的行动计划，然后去看电影。带你的孙儿孙女们去看杂技。考虑一些你想干的事情——然后就去做。

和孤独斗争

一旦你能振作精神了，那就和老朋友们聚聚。并且想法结交新的朋友。新朋友是很重要的，因为寡妇发现，许多老朋友，特别是结了婚的，常常会疏远。一个原因是他们是以夫妇双方为主进行交往的，他们不知道如何应付一个无人陪伴的女人。另一个原因是，比较年轻寡妇的已婚朋友不理解她所要经历的一切。她们觉得她感情花的时间太长了。她们对她的悲痛不太耐烦，开始抛弃她了。

这样就使结交新朋友变的很有意义。而且你没有理由不率先迈出第一步。假如你遇见了一个看上去让人喜欢的人，那就建议一起去看电影，或者到教堂的烘烤义卖会去，或者某一天晚上一起外出晚餐。

试着每周和一个新人交谈。你也许觉得不喜欢这么干，但是这可是一个应急的手段。你也许会发现，和一个不仅仅把你当成寡妇的人在一起消磨时间、作为喜爱弗雷德·阿斯泰儿电影爱好者、或者收集精彩的编结花样的共同爱好、或者认识所有非洲紫罗兰的同类，是一种解脱。

我曾经写过，我的生活，加上常常繁忙的职业，以及婚姻和家庭，不允许我有时间去结交朋友。我一直到我丈夫去世以后，才知道自己是多么的想念我从来没有结交过的朋友。在我工作的过程中，我遇到过全国各地成千上万的人。现在我开始试着把这些熟人变成朋友。我知道他们会丰富我的生活。

在过去几年中，寡妇小组的数目急剧增加。许多妇女发现这有极大的帮助。这些小组一个很大的优点是，你不用被人看成是丈夫去世、在世界上孤身一人、满心悲痛的“可怜的米尔”。在一个寡妇小组中，现在你是丈夫去世，面临问题请求帮助的“真正敏感的米尔”。这有

巨大的差别。而且了解其他妇女是如何处理你所面临的问题是特别有益的。你会发现，你可以像和朋友与亲属一样和其他寡妇交谈。这些妇女知道你将要经历什么。她们就在身边。别剥夺自己这样一个慰籍和支持的源泉。

你的教堂或寺庙，以及美国退休人员协会和其他机构会帮助你和其中一个进行联系。有些组织在当地报纸上刊登会议通知。寻找这样一个小组应该没有问题。我在第十一章中解释过我从来没有成为其一个成员的原因，但是我相信我会觉得协会是有帮助的。

善待自己

要是有一个女人需要细心照料的话，那么这个女人就是寡妇。

爱你和心疼你的人走了，但是你没有理由不心疼你自己。

你也许觉得不用再注意自己的外表了，但是还是要到理发师那里去，只要有人为你忙碌就会有益处。假如你一直想着要染发，现在正是时候。你会对由此而产生的效果感到惊奇的。我属于“永远金发”这一派，但是如今染发是非常的精细和安全，你会发现你有几十种颜色可以选择。更有一个好处是，要是你的头发稀薄，染发能让你的头发蓬松起来。

我很喜欢用手进行的治疗。当家里没有人和你拥抱，或者按摩你的背，或者给你捏捏肩膀的痉挛时，我觉得该找个替代者。它们能让你非常的满足，而且对你也有好处。它们刺激了你的循环，帮助你放松——让你感觉良好，看上去精神勃勃。按摩或者脸部保养都不会抹去你的悲痛，但是它们会让你从悲痛中暂休一个小时。

锻　炼

体育锻炼是你能为自己所做的最为积极的事情。

我向你保证，它会让你感觉好一些——至少是暂时的。而那是在悲痛的最初的几个月中所能奢望的一切。

从锻炼中获益的秘密是，寻找一些你喜欢的事情，然后定期去做。

如何寻找你喜欢的锻炼呢?

从图书馆里，或者从光盘商店借锻炼的光盘，直到你找到适合你自己的运动。然后就去买锻炼的器械。

在当地的基督教女青年会和基督教青年会去调查一下。它们有适合各种年龄段和身体条件的锻炼课程。青

年会里还有游泳池，要是你的游泳从来没有超过狗爬式的水平，它们有游泳课。我发现游泳是一种出色的锻炼，也是一种能量扩大器（请看第十四章的有关详细内容）。

当你在青年会时，询问一下他们的锻炼器械。肯定会有一些吸引你的东西。一个寡妇非常信赖她的乡村滑雪器械。她在青年会里使用了它，很喜欢，就买了一个，放在卧室里。“当我情绪低落，哭泣或者伤心的时候，”她告诉我，“我就在上面运动十五至二十分钟，而我总是觉得好过一些。就是动动身体好像也使得生活显得比较好支配。”

还有许多独立的锻炼课程。在电话本的黄页上看看在你那个地区有些什么。大多数这样的课程提供免费的试验课程。那些不提供试验课程的通常允许你观察一两课。

假如你喜欢的话，你可以设计你自己的锻炼日程。在我公寓大楼的一位妇女一天要行走四英里，每周走五天。“我喜欢这样走，”她说。“总有一些不同的东西可看，有不同的路可走。我有全套的防雨衣装，我甚至在下雨天也走。”

著名的门宁格诊所的卡尔·门宁格医生总是这样说：“锻炼对于大多数沮丧的人肯定是一种解脱。单调的艰苦工作也会起到一样好的作用。”

自 慰

我在这点上是很认真的。大多数寡妇的性欲在她们的丈夫去世以后就完全消退了。我知道自己好几个月的情况就是这样。但是有一天性欲会起来的。那时你该怎么办呢?

有一个简单和自然的回答——自慰。它是一种发泄，也是一种慰籍。它解决了你生活那个部分的问题。可以把它看成是一种依赖物，让你别以为自己是一个被剥夺了性欲需要的人。

在心理上，这对你是有好处的，因为它让肌肉保持湿润。假如有一天你的生活中又出现了一个特别的男人，你就能够好好地享受性爱，要比你让自己的阴道肌肉干枯好得多。

自慰在任何方面都不能代替你的丈夫。实际上，当你进行的时候，不可能想起他，因为想到他不再和你在一起是太痛苦了。

痛苦和性爱是不能兼容的。因此你要想象，那就会让你又有一个逃避的机会。

有些妇女对自慰感到尴尬，其实没有理由尴尬。这是一件非常自然的事情，而且会让你感觉舒服许多。你

没有理由不去使用这种发泄。

想哭就哭

别以为你必须忍住自己的眼泪。哭是有帮助的（请看第八章关于眼泪益处的解释）。而且别让其他人制止你的哭泣。最自然的方式就是说："好了好了，别哭了。你会让自己生病的。"这是胡说八道。哭不会使你比现在的感觉更难受。别人希望你停止哭泣是因为你的眼泪让他们难受。

对于他们的难受你是无能为力的，但是别让他们使你觉得哭泣对你不好。根本不是的。

认识药片和酒精的作用

它们也许会提供一种逃避，或者抹平悲伤的痛感，但是这只不过是暂时的幻觉。我不是说你不该喝酒，不该喝苏格兰威士忌，或者其它的酒，但是一定要格外节制。你正处于可怕的压力之下，别让情况变的更加糟糕。

至于镇静剂和安眠药，要遵照医生的指示。这些药会上瘾的。对一种化学物品上瘾对你是最不合适的事情。

假如你怀疑你喝的太多或者药物服用太多了的话，

立刻去找医生，请求他或她的帮助。

检查你的进步

每过三个月就花些时间来回顾并且评价一下你的进步。你是否觉得比三个月前好了一些？或者更加糟糕了？你吃饭好些吗？你应付每天的生活是否比较顺利了？你是不是哭的比以前少了？或者更多了？你是否觉得不那么消沉了？或者更加消沉了？

你别指望你的问答都是积极的。在三个月的期间，你也许会觉得一切比以前更加糟糕。但是随着一个月一个月的过去，你会注意到细小的改进迹象。就我自己而言，一直过了六个多月，我才真正觉得我的确比头六个星期要振作了一点儿。

每个寡妇都有她自己的悲痛时间表。这种三个月的检查会帮助你衡量一下你的进步。不过，要是在一年以后你还觉得你在任何方面都没有取得明显进步的话，那么比较明智的做法就是请教你的医生或者治疗专家。他们会给你帮助，让你安心的。

也别指望你的悲痛在一年中就成为历史。有些妇女的悲痛来的快，去的也快，而且能够在大约几个月的时间里就恢复她们的生活，但是其他一些妇女则需

要两三年、甚至更长的时间（研究者发现，有些人需要六年）才能摆脱悲痛。你最终会适应那改变了的生活。或许在你丈夫去世的头几个月中你无法相信这一点，但这是真的。

每个寡妇必须走自己的路。你的也许和我的有很大的不同。倾听你内心的自我，你要比任何人都更加明白对你最好的是什么。

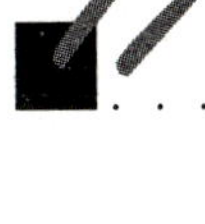

17 让她表达，让她哭泣

★ 写信

★ 遵循安慰的箴言

★ 避免回答难以回答的问题

★ 鼓励她谈话

★ 让她哭泣

★ 陪伴和忍耐

★ 表示出你的爱

★ 避免提出建议

遗属的朋友和亲属充满着爱心和悲伤。他们一心想给予帮助，但是有时却帮了倒忙。他们常常从“必须”和“应该”来考虑问题。在这些概念中，帮助的成分极少，而安慰也不多。有些出于好心好意而说、

而做的事，只会让寡妇感到更加难过。下面的建议，就是为那些真正希望给予安慰和帮助的人所提供的指南。

写信

在米尔特的讣告在纽约时报上刊登以后，我收到了雪片似的来信。邮局是用邮袋把它们送来的。大多数信深切感人，尽管它们没有减轻我的悲痛，但它们的确给了我安慰——特别是米尔特的朋友或病人的来信。他们那些赞扬的语句我是百读不厌。

一些内容摘录如下：

“米尔特热爱每一个人……他是那么的热爱生活……和人们，他让每个人都表示出了自己的特性。他给每个人都带来了一种特别的愉快。我很伤心，但是我能听见米尔特在劝告我，生活在继续，要笑着面对生活，就像他一直做的那样。”

“至少是我，不愿去想他的疾病和所受的苦难，但是从青年时代起我们就是在一起度过的。上帝知道我们有多么傻，有多少笑声。我非常珍惜他在我生活中的作用。犹太教传教士说的好：‘重要的不是出生或者死亡，而是我们留下过标记的道路。’我真高兴能和米尔特一起走过一段共同的道路。”

“我觉得，在某种程度上，米尔特将住在温代而（农庄所在地）——在那里他和大地及星星离的是这么近。”

“我丈夫和我，以及其它几个家庭成员都是你已故丈夫的病人。他是个出色的医生，一个特殊的人。他总会想办法让我们感觉好过一些，如果在身体上他做不到的话，在感情上他是做到了。他知道，有的时候让人们的精神振奋起来是最好的药物。很少有医生是像他那样做的，我们非常怀念他。”

“米尔特是我的朋友，在他从军队退役，转向康奈尔当一名大学生的艰苦年代里，他是我生活中一个非常重要的部分。我记得他在争取获得医学院的入学许可时所经历的斗争，以及后来为建立一个声誉卓著业务的所作所为。我记得他是如何在所选择的领域内变成一位受人尊敬的医生的。我还记得，当我作为一个病人时，他所给予我的善意关怀。

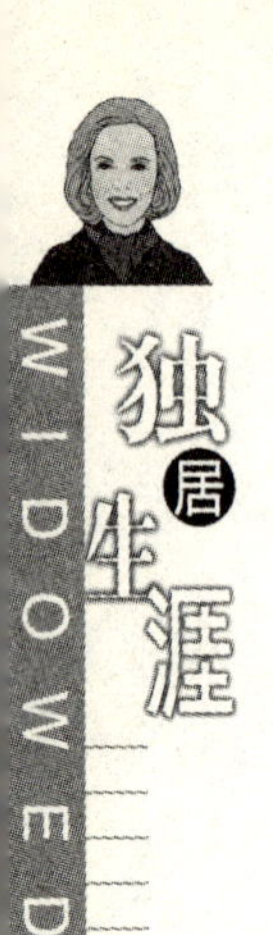

“我的损失是很深切的，正如我知道你的痛苦有多大。不过假如一个人年轻的时候就夭折的话，米尔特当然是已经过了这个年龄了，而且至少，他对于过去所献身的专业和病人的生活是满足的，他的每一分钟都活得十分充实。”

哀悼信件写起来并不容易——读起来也不易。我在阅读那些我引用的信件时泪流满面，但是同时，我很高兴人们还记得米尔特栩栩如生的样子——如此出色的男人，具有献身精神的医生，一个充满爱心的朋友。

还有一些寡妇的来信，和我一起分享她们的经历。我发现这些信件给了我莫大的安慰，尽管它们常常让我泪如泉涌。她们的故事和我的非常相像，有许多相似的东西。她们让我懂得了，我并不是惟一的一个要遭受这样可怕经历的女人，她们给予的帮助是无可比拟的。

还有像这样的信：

“格雷格常对我说：‘要是我死了，你最思念的是什么？’我曾经回答说是他的笑声或者他的微笑，但是一直到他去世，我才明白。我不停地在思念的惟一的东西是他的身体——和我一起欢笑、和我一起生活、源源不断的出主意想办法、并且听取建议的人。还有他对我的烹调、我的外貌，以及我所取得的成就的鼓励。”

还有这个：

“我的丈夫和你丈夫一样，死于癌症。他只有六十三岁，他应该还能活上二十年。我有好几个月几乎都被悲痛给压倒了。我早上一醒来就哭。晚上上床也哭。我对任何事情都没有兴趣。美丽的日出？那又怎么样呢？我的邻居从她的花园里给我拿来新鲜的蔬菜。那又怎么样呢？我的女儿六个月来每周来给我打扫房子，因为我自己连干活的力气也没有。

“但是现在，三年以后，最糟糕的情况都过去了。我又重新充满了活力。我喜爱生活。在我做了三十五年的家庭妇女以后，一年以前我又开始工作了，而且我喜欢这个工作。

“我写信是想让你相信，你也会恢复的，重新发现生活是美好的。我知道这些现在对你来说，听起来是不可能的。但是相信我，你会像我一样的。”

有一封信对我有特别的意义，就是因为写信的人记得我。

"当我今天早上在电视上看到你时，我的心被深深的触动和感动了，"她写道。

"我没有看到乔伊斯·布拉泽斯，而是法罗克威中学的乔伊斯·戴安娜·鲍尔，腼腆、可爱、非常的脆弱。这些话是让你知道，许多人和你一样的悲痛。"

如果哀悼信件能给予鼓励或者有共同的回忆，它们就会对寡妇有巨大的帮助。我就是不断地从我收到的一些信件中汲取慰籍或鼓励的。我为我的外孙保存了许多有关米尔特的信件。当他们大一点时，我将和他们一起阅读这些信件，这样他们就会知道，别人是怎么看待他们的外公的。

遵循安慰的箴言

试着把自己放到寡妇的位置上，要真切地体验她那毁灭性的损失几乎是不可能的。你问问自己我在第一章中所描述的"寡妇游戏"中的问题，就可以获得一个她所感受的大致概念。一旦你做到了这一点，假如你遵循圣经中的指导"己所不欲，勿施于人"，我相信，你就能够安慰和抚慰她了。

避免无法回答的问题

无法回答的问题就是最自然和最关心的问题。就像“你好吗？”或者“近来怎么样？”或者“你咬紧牙关坚持下来了？”这些是无法回答的问题。

要是她告诉你真情，说：“糟透了……太可怕……我真希望我死了。”大多数人就不知道如何接茬了。

寡妇知道你希望她说：“啊，我很好，”或者：“还可以，”或者：“我正在努力。”她知道你希望她再向你证实一下，这样，你就不会在面对她那尖利的痛苦时感到那么难受了。

那你该怎么说呢？

就这样说：“我一直在想着你。今天下午我路过时到你那里去好吗？我很想见见你。”当你路过的时候，给她带一小块牛排，或者你那出名的夹肉面包，或者一品脱她最喜欢的冰淇淋。

问问她：“我能为你做些什么？……”“你想开车到什么地方去吗？”“我能在下午把孩子们带出去吗？……”“约翰明天想到你这儿来割草。你看行吗？”

要是你真的想知道她的情况，就问：“你睡的好吗？”她或许一直睡的不太好。她回答这类问题比较容易，这表明你是真的想知道她的情况，然后问个一

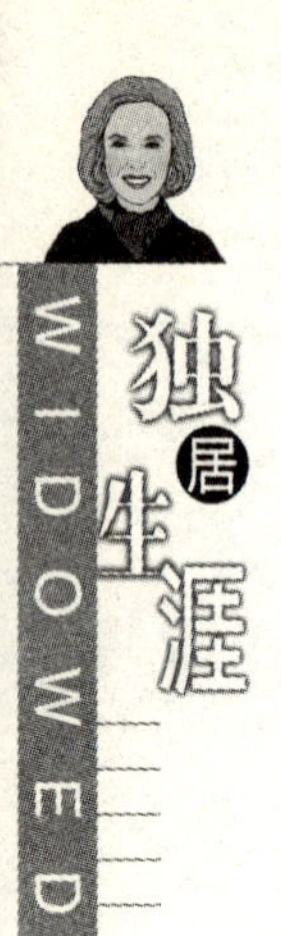

般性的问题，像“近来怎么样？”

鼓励她谈话

大多数寡妇渴望有机会谈论她们失去的爱人。聆听是你能给予帮助的最好方式。她需要谈论她的损失，她也许希望谈论他最后的病情，或者他去世的情况，或者她感觉是多么的孤独和不知所措，一切似乎是毫无希望。

这种谈话也许会让你感到十分难受。你也许觉得她不应该细谈这样的题目，她太病态了，她应该努力把一切都抛在脑后。

而那正是她努力在做的。通过谈论发生的一切，他病重的细节，以及他逝世时的环境，通过不停的回忆，她渐渐地在她生活中最重要的年代上划上了句号。这是正常的和健康的。不应该制止她这样做。

几年以前，一个报道过谋杀约翰·F·肯尼迪总统事件的华盛顿记者告诉我，肯尼迪夫人穿着鲜血四溅的裙子从飞机上一下来，就一遍又一遍地告诉每一个人在车队汽车上发生的事情，他感到非常吃惊。我告诉他，这没有什么可大惊小怪的。在心理学上，这是她所能做的最好的事情，那种恐怖是必须要谈论和面对的。

当我最近和一组寡妇和鳏夫谈话时，我建议他们对自己的感情要公开，让他们的亲戚和朋友知道他们的悲痛是多么的深切。我解释说，谈论他们的感觉如何是很有帮助的。

一个男人从听众席中打断我说："可是没有人想听。"

一个女人随声附和："我弟弟告诉我别诉苦了，要振作起来。他说，要是我老是谈论他，老是哭哭啼啼，每个人都会认为我疯了。他说，诺曼已经死了十个月了，是该停止哭泣的时候了。"

我告诉我的听众，悲痛，特别是眼泪，使得有些人非常难受，他们试图让你抑制你的感情，他们不明白他们这样做是多么的残酷和自私。

时间不能治疗悲痛。人们以自己各自的方式来处理他们的悲痛。亲戚朋友们指望寡妇去遵守他们哀悼的时间表是不现实的。

让她哭泣

任何人都不应该要求一个女人"停止哭泣"。正如一个敏感的听众能够帮助一个女人和她的悲痛达成协

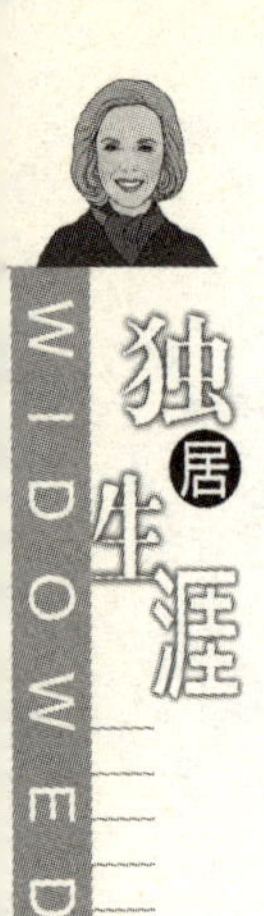

议一样，眼泪也能给以帮助。

它们让你感到难受。你也许希望她停止哭泣，但是这意味着你把你自己的感情放在了她的感情之上。让她哭泣。眼泪是一种悲痛的急救措施。

约翰·詹姆斯，洛杉矶消除悲痛研究所的创始人，讲过一个电话对话的故事，让我不由得为同情和害怕而感到颤抖。他几乎听不清那个女人在那一头的声音。“我不想让我的儿子听到，”当他请她大声点儿说时，她解释道。她丈夫一年以前去世了。她的儿子和他的妻子一起来和她度过她丈夫的逝世周年纪念日。

“他们不断地告诉我，现在我应该好过多了，他去世已经有一年了，我不应该再哭泣了。”

“那是胡说八道，”约翰·詹姆斯说。“你哭是因为你需要哭。”他帮助她想出了一句话，在她儿子来看她的时候，她觉得有必要的时候使用。“当我哭的时候，我并不需要什么关照，因为我一切正常。”

因此当寡妇哭泣的时候，只要把纸巾盒推过去给她就行了，并且要耐心一些。

陪伴和忍耐

孤独是悲痛最糟糕的部分。至少我是这样看的。

我很幸运有女儿、母亲、姐姐、姐夫，他们尽其所能帮助了我。

我发现我真的是非常幸运。研究者发现，大多数家庭在葬礼以后，并不和寡妇在一起待很长的时间。

在一项研究中，几乎有三分之二的寡妇报告说，她们丈夫的亲戚根本连葬礼的安排也没有介入。不到四分之一的寡妇在葬礼以后接待了她们姻亲的来访。有一半儿的寡妇说，她们的孩子和去世丈夫的家庭没有任何的联系。

还不仅仅是姻亲疏远。寡妇自己的家庭和成人的孩子——尽管他们在紧急的情况下总是能招之即来——随着时间的过去，他们也很少来看望她。

这种行为真令人遗憾，因为其它研究表明，当一个寡妇的家庭和朋友非常支持和理解的时候，她的悲痛才能更快更顺利地消失。

明白寡妇需要你这一点是很重要的——即使她的行动表示出她似乎并不需要。要和她保持联系，让她独自“设法解决”可不好，她以后就会一直是独自一人了。不断地去请她一起吃饭或者干别的事情。她也许会一次又一次的拒绝。但是总有一天她会说好的。假如你不是不断地给她打电话，她会很不好意思地给

你打电话说："你还想来看我吗？"

所以要坚持。不断地打电话，问候她怎么样，请她和你一起吃饭。总有一天她会同意的。

表示出你的爱

一个寡妇是需要爱抚的。忽然之间，没有人在床上搂着她了，没有人坐在一起肩并肩地看电视了，没有人拍拍她的臀部了。

拥抱是非常安慰人的，握握手、拍拍肩膀、亲吻脸颊也是如此。当心：别把这当作是和寡妇发生性关系的许可。

避免提出建议

别去告诉寡妇她应该卖了房子去购买一套公寓，或者搬进公寓去住，或者抛弃汽车，或者吃比较平衡的伙食，或者把人寿保险换成合股投资。这些也许是非常好的建议，但是提出建议——除非是请求你——是侵略性的，烦恼的，也是傲慢的。

但是假如她征询你的建议呢？那就是另一回事了。在那种情况下，向她提供你所能想到的最好的、考虑周全的建议。但是——而且是很重要的——要是她没有接受你的建议，不要对她生气或不安。她可以、也应该在同一个题目上征求好几个人的意见。无论她决定采取什么行动方案，要保证你的建议能帮助她澄清思想。

而下一次她征询你的意见时，再给她你所能提供的最佳建议。不要怒气冲冲地说："上次我给过你建议了，你根本就没有予以理睬。"或许你对她没有采纳你的意见会有点儿生气，但是你在每次征询别人的意见时，是不是别人说什么你就听什么呢？别让你的自尊心在帮助她的时候作祟。

尾声

我是不是痊愈而全部恢复了呢？米尔特已经成为过去的一部分了吗？啊，不，他一直和我在一起，并且会一直和我在一起。但是我已经度过了悲痛最糟糕的那一段——或者几乎是吧。实际上，我的悲痛是为了我自己，是为了我的损失。

我怎么能为米尔特悲痛呢？现在回顾起来，我不愿让他再多活一个小时、一分钟、一秒钟。我怎么能希望延长他的痛苦呢？那是多么残酷啊！

他是一个好人，他有过一个美好的生活。世界因为他的存在而变得更好。对于他的死，我已经接受了，但是他的逝去将永远是我的损失，是我生命一部分的损失，我自身的一部分从我的身上脱离了。

假如另外有一个好男人和我一起共度余生的话，在我灵魂深处还是有一个空虚的角落。我知道我曾经有过什么，我失去了什么。我希望我不会独自度过我的余生。但是假如我独自一人，我也不会为自己遗憾。

生活在继续，我已经作好了再次加入到这个游行大军中去的准备